Johann Jakob Donner

Sophokles, Philoktetes

Fünfte Auflage

Johann Jakob Donner

Sophokles, Philoktetes
Fünfte Auflage

ISBN/EAN: 9783744655408

Hergestellt in Europa, USA, Kanada, Australien, Japan

Cover: Foto ©ninafisch / pixelio.de

Weitere Bücher finden Sie auf **www.hansebooks.com**

Sophokles,

Philoktetes.

Deutsch

in den Versmaßen der Urschrift

von

J. J. C. Donner.

Fünfte verbesserte Auflage.

Leipzig und Heidelberg.
C. F. Winter'sche Verlagshandlung.
1863.

Einleitung.

Philoktetes, der Sohn des Pöas, führte nach Homer Il. 2, 716 ff. die Bewohner von Methone, Thaumakia, Meliböa und Olizon gegen Ilios. Unterwegs auf der kleinen Insel Chryse, nicht weit von Lemnos, ward er von einer tempelhütenden Schlange in den Fuß gebissen. Die heftig eiternde Wunde verbreitete einen so unerträglichen Geruch, daß seine Gefährten, vornehmlich auf den Rath des Odysseus, ihn an einem öden Küstenvorsprung der Insel Lemnos aussezten, als er eben aus Erschöpfung eingeschlummert war. Dort, in einer Höhle wohnend, von Menschen verlassen, darbend und krank, verlebte der Arme unter großen Drangsalen neun lange Jahre. Im zehnten endlich erschienen Odysseus und Neoptolemos, der Sohn des Achilleus, als Abgesandte bei ihm, um ihn in das Lager der Hellenen vor Troja zu bringen, weil die Stadt ohne ihn nicht eingenommen werden konnte. Philoktetes nämlich besaß den Bogen und die mit dem Blute der lernäischen Hydra getränkten Pfeile des Herakles, mit welchen allein nach dem Ausspruche des Sehers Helenos die Eroberung Troja's möglich war. Mit dem Auftreten jener beiden Abgesandten beginnt die Tragödie.

Personen.

Odysseus.
Neoptolemos.
Der Chor, bestehend aus den Gefährten des Neoptolemos.
Philoktetes.
Ein Späher als Schiffsherr.
Die Erscheinung des Herakles.

Die Scene ist ein wüstes Gestade der Insel Lemnos vor der Höhle des Philoktetes. Aussicht auf Meer und felsiges Ufer. Odysseus und Neoptolemos, von einem Diener gefolgt, treten auf.

Odysseus. Neoptolemos. Ein Diener.
Odysseus.
Das ist der Strand von Lemnos' ringsumfloss'nem Land,
Stets unbetreten, unbewohnt von Sterblichen.
Hier, Sohn Achillens, edler Sproß des tapfersten
Hellenen, o Neoptolemos, hier hab' ich einst
5 Den Sohn des Pöas ausgesezt, den Melier,
Wie durch des Heeres Fürsten mir geboten ward,
Weil ihm von eklem Eiter troff der wunde Fuß,
Da ruhig weder Räucherwerk noch Spenden wir
Anrühren konnten: also füllt' er ohne Rast
10 Mit grauser Töne wildem Ruf das Lager an,
Und heulte, stöhnte. Doch wozu dies Alles noch
Erwähnen? Lang zu reden ist hier keine Zeit;
Er könnte mich bemerken und mein ganzer Plan
Zerrinnen, der, ich hoffe, bald ihn fahen soll.
15 Jezt ist es deine Sache, mir hülfreich zu sein,
Und auszuspähen, wo der doppelmündige
Fels ist, in welchem Winters für die Sonne sich
Zwiefach die Einkehr öffnet, und im Sommer Schlaf
Die kühlen Lüfte durch die offne Grotte weh'n.
20 Ein wenig tiefer, links hinab, erblickst du wohl
Den Born zum Trinken, wenn er nicht versiegen ging.
Tritt leise näher und bedeute mir sofort,
Ob dort die Grotte wirklich ist, ob anderwärts,

Daß du vernehmest, was ich sonst anordne noch,
25 Und ich es sage; denn gemeinsam sei das Werk!
Neoptolemos.
O Fürst Odysseus, was du suchst, ist nahe dir:
Die Höhle glaub' ich schon zu seh'n, von der du sprachst.
Odysseus.
Wie? Oben oder unten? Ich verstehe nicht —
Neoptolemos.
Hier oben: und von Tritten hör' ich kein Geräusch.
Odysseus.
30 Sieh, ob er nicht zum Schlafe sich gelagert hat.
Neoptolemos.
Nur eine Wohnung seh' ich, öd' und menschenleer.
Odysseus.
Ist innen kein Geräthe, das dem Hause dient?
Neoptolemos.
Laubstreu, gepolstert zum bequemen Ruhebett.
Odysseus.
Sonst Alles öde? Nichts verbirgt der Höhle Raum?
Neoptolemos.
35 Ein Trinkgeschirr, von kunstlos roher Hand aus Holz
Gefertigt, hier auch noch Geräth zur Feuerung.
Odysseus.
Sein ist der Hausrath, den du da bezeichnet hast.
Neoptolemos.
Weh, weh! Noch Andres seh' ich: Lumpen, angefüllt
Mit schwerem Eiter, trocknen dort am Sonnenstrahl.
Odysseus.
40 Er wohnt in diesen Räumen, das ist offenbar,
Und weilt gewiß nicht ferne; wie kann Einer auch
Weit gehen, den ein altes Uebel quält am Fuß?

Nein, wohl auf Nahrung ging er aus, wohl sucht er sich
Ein schmerzenstillend Pflänzchen, das er irgend weiß.
45 So sende diesen Diener hier als Späher aus;
Er überfällt mich heimlich sonst, und lieber ja,
Als alles Volk aus Argos, fing' er mich allein.
(Der Diener entfernt sich auf einen Wink des Neoptolemos.)

Neoptolemos.
Schon geht der Diener, und der Pfad wird wohl bewacht.
Nun rede weiter, wenn du sonst noch Wünsche hast.

Odysseus.
50 Du mußt, o Sohn Achillens, was dich hergeführt,
Mannhaft betreiben, nicht allein mit deinem Arm,
Mußt, wenn du Neues, was du früher nicht gehört,
Vernimmst, mir helfen; denn du bist als Helfer hier.

Neoptolemos.
Und was begehrst du?

Odysseus.
Strebe Philoktetes' Geist
55 Mir schlau zu hintergehen durch der Rede Kunst.
Sobald er anfragt, wer du seist, aus welchem Land,
So sprich: „Achilleus' Sohn"; in diesem rede wahr:
Du schiffest heimwärts, habest dort der Danaer
Schiffsheer verlassen, dem du zürnst in schwerem Zorn,
60 Das aus der Heimat dich gelockt durch langes Fleh'n,
Weil, Ilion zu stürzen, so nur möglich sei,
Und doch dich nicht gewürdigt, dir des Vaters Wehr
Zu geben, die du kommend als dein Recht begehrt,
Nein, ich, Odysseus, habe sie: — und sage dann
65 Auf mich das Aergste, Schmach um Schmach, so viel du willst.
Mich kränkst du damit nimmermehr; doch, thust du's nicht,
So bringst du Jammer über Argos' ganzes Heer.

Denn wird des Mannes Bogen nicht entwandt von uns,
So kannst du Troja's Veste nicht bewältigen.
70 Warum ich selbst nicht, sondern du allein dich ihm
Getrost und sicher nähern kannst, das höre nun.
Du schifftest, Keinem zugethan durch Eidesschwur,
Nach Troja, nicht gezwungen, nicht im ersten Zug;
Mir steht von allem diesem Nichts zu läugnen an.
75 Drum wenn er, seines Bogens Herr, mich hier gewahrt,
Bin ich verloren und verderbe dich mit mir.
Hier also gilt es eine List, wir müssen spähn,
Wie du der unbesiegten Wehr den Mann beraubst.
Wohl hat, ich weiß es, die Natur dich nicht gemacht
80 Zu solchen Reden, noch zu Trug und Hinterlist;
Doch reizend ist es, einzufah'n des Sieges Glück;
So wag' es; künftig handeln wir dann wieder gut.
Jezt gib dich nur für eines Tages kurze Frist
Mir hin zu dreister Lüge; für die Folge dann
85 Laß dich den Frömmsten nennen, der auf Erden ist!
Neoptolemos.
Was immer ich nicht ohne Grauen hören kann,
O Sohn Laertens, dieses hass' ich auch zu thun.
Denn nicht geschaffen bin ich, traun, für Hinterlist,
So wenig, als es (sagen sie) mein Vater war.
90 Ich bin bereit, ihn wegzuführen mit Gewalt,
Doch nie mit Arglist; denn mit Einem Fuße wird
Er uns, so Viele, nimmerdar bewältigen.
Zwar dir ein Helfer zog ich aus und möchte nicht
Verräther heißen; aber lieber wünsch' ich mir
95 Der edlen That Mislingen, als unedlen Sieg.
Odysseus.
Mir, Sohn des edlen Vaters, war als Jüngling auch

Die Zunge langsam und die Hand zu Thaten schnell.
Jezt durch Erfahrung reifer, seh' ich wohl: es ist
Der Menschen Zunge, nicht die That, die Alles lenkt.
Neoptolemos.
100 Was trägst du mir nun Andres, Herr, als Lügen auf?
Odysseus.
Mit List, verlang' ich, sollst du Philoktetes fahn.
Neoptolemos.
Warum mit List ihn fangen, wenn's die Rede kann?
Odysseus.
Nie folgt er Reden; auch Gewalt bezwingt ihn nicht.
Neoptolemos.
So zuversichtlich trozt der Mann auf seine Kraft?
Odysseus.
105 Der unentfliehbar'n Pfeile morderfüllte Wehr —
Neoptolemos.
Nicht ungefährlich wär' es denn, ihm nur zu nah'n?
Odysseus.
Nicht, außer wenn du, wie gesagt, mit List ihn fängst.
Neoptolemos.
Und eine Schande dünkte dir die Lüge nicht?
Odysseus.
Nicht, wenn die Lüge Rettung mir zum Lohne bringt.
Neoptolemos.
110 Mit welcher Stirn erkühnt man solcher Rede sich?
Odysseus.
Bringt eine Handlung dir Gewinn, so zage nicht.
Neoptolemos.
Was bringt's Gewinn mir, wenn der Mann vor Troja kommt?

Odysseus.
Die Pfeile nur erobern Troja, sie allein.
Neoptolemos.
Ich also nehme nicht die Stadt, wie ihr's versprach?
Odysseus.
115 Du ohne sie nicht, und auch sie nicht ohne dich.
Neoptolemos.
Sie muß ich denn erjagen, wenn es also steht.
Odysseus.
Zwiefachen Lohn gewinnst du, wenn du solches thust.
Neoptolemos.
Und welchen? Weiß ich diesen, weigr' ich nicht die That.
Odysseus.
Nun, klug und tapfer würdest du zugleich genannt.
Neoptolemos.
120 Wohlan denn, ledig aller Scham, vollführ' ich es!
Odysseus.
Gedenkst du nun auch dessen, was ich dir gebot?
Neoptolemos.
Vertraue mir, nachdem ich's Einmal dir gelobt.
Odysseus.
So bleibe hier und harre, bis der Mann erscheint;
Ich aber gehe, daß er mich nicht hier erspürt,
125 Und sende wieder an das Schiff den Späher hin.
Und später will ich, wenn ihr allzulange mir
Zu säumen scheinet, wiederum denselben Mann
Hieher dir senden, trügerisch in falsche Tracht
Gehüllt als Schiffsherr, daß er nicht erkennbar sei.
130 Wenn dieser dann verschmitzte Reden führt, o Sohn,
So greife davon immer auf, was taugen mag.

Philoktetes.

Ich scheide, nun ich Alles dir anheimgestellt.
Führ' uns, o schlauer Hermes und Athene du,
Siegsgöttin, Hort der Städte, die mich stets beschirmt!
(Odysseus geht ab. Der Chor der Schiffsleute, der Gefährten
des Neoptolemos, tritt auf.)

Neoptolemos. Der Chor.

Der Chor.
Erste Strophe.

135 Was soll ich, Herr, was soll ich, fremd im fremden Land,
Dem Argwöhnenden bergen oder kundthun?
Sage mir's: denn hoch ragt vor anderer Kunst hervor
Eines Königes Kunst,
Der, klug waltend, Zeus' göttliches Scepter lenkt.
140 Auf dich, Sohn, erbte der ältesten
Ahnen gesammte Gewalt; so verkünde mir:
Wie soll ich nun dir dienen?

Neoptolemos.

Jezt, weil du vielleicht zu schauen verlangst
Den entlegenen Ort, der jenen verbirgt,
145 Blick' hin furchtlos: doch wann er erscheint,
Der Entsezliche, der in der Kluft hier wohnt,
Komm immer sogleich an die Hand mir heran,
Zu jeglichem Dienste gerüstet.

Der Chor.
Erste Gegenstrophe.

Du mahnst, o Herr, an Sorgen, die mich längst erfüllt,
150 Wachen Auges zu sein für deinen Vortheil.
Aber sage mir nun, welches Haus er einsam bewohnt,
Welcher Ort ihn verbirgt.
Denn wohl thut es noth, daß ich erkundige,
(Sonst fällt er unvermerkt mich an,)

155 Wo er verweile, sich lager' und wandere,
Ob innen oder draußen.
Neoptolemos.
Hier siehst du sein Haus, dies Felsengemach
Mit doppelter Thür.
Der Chor.
Wo weilt denn der Unglückselige selbst?
Neoptolemos.
160 Ich glaube gewiß, er lenkte den Schritt,
Auf Nahrung aus, in die Nähe wohin.
Denn diese Gewohnheit pflegt er stets,
So sagt man: mühvoll müht er sich ab,
Mit beschwingtem Geschoß zu erlegen das Wild,
165 Und nirgend erscheint
Ihm aus der Bedrängnis ein Retter.
Der Chor.
Zweite Strophe.
Innig jammert des Mannes mich,
Den kein menschliches Auge, das
Seiner hütet und wacht, erquickt,
170 Wie er, ewig allein, ach!
Am wildwühlenden Schmerze krankt
Und Noth leidet an Allem, was
Heischt des Lebens Bedarf. Wie nur, o wie trägt es der
Arme nur?
Furchtbare Götterhand!
175 Weh, unseliges Staubgeschlecht,
Maßlos duldend im Leben!
Zweite Gegenstrophe.
Er, der sicherlich keinem Sohn
Altberühmter Geschlechter weicht,

Er liegt, alles Bedarfs entblößt,
180 Einsam, ohne Genossen,
Wo nur buntes und zottiges
Wild haust, liegt, sich verzehrend in
Schmerz und Hunger, von unheilbaren Grams Sorgen ge=
　　　　　　　quält, und rings
Von dem geschwäzigen,
185 Fernhindröhnenden Widerhall
Bittern Jammers umlagert.

　　　　　　　Neoptolemos.
Mir scheint hier Nichts der Verwunderung werth:
Denn ward mir einige Weisheit auch,
Ist dieses Geschick von den Göttern verhängt,
190 Brach über ihn ein durch Chryse's Zorn;
Auch was er, freundlicher Pflege beraubt,
Jezt duldet, geschieht nach der Ewigen Rath,
Daß nicht auf Ilions Veste zu früh
Er spanne des Gott's unbezwinglich Geschoß,
195 Eh nahte die Zeit, da sie diesem erliegt,
Wie's ihr nach der Sage verhängt ist.

　　　　　Dritte Strophe.
　　　　　　Der Chor.
Schweige still, mein Sohn!
　　　　　Neoptolemos.
　　　　　　Was ist's?
　　　　Der Chor.
　　　　　　　Hell scholl ein Laut,
Der schmerzvollem Gestöhn menschlicher Brust glich,
War's von dorther oder von da.
200 Mir tönt deutlich an's Ohr Geräusch
Eines Mannes, der sich daher

Mühsam schleppt, ich erkenne klar
Eine tiefe Stimme der Qual;
Fernhin hallt laut und vernehmlich Wehklagen.

Dritte Gegenstrophe.
Der Chor.
205 Denke, Sohn —

Neoptolemos.
Sag' an, worauf?

Der Chor.
Auf neuen Rath:
Denn nicht ferne, bereits ist er am Ort hier;
Doch er bläst nicht auf der Schalmei,
Wie, durchweidend das Feld, ein Hirt;
Nein, er hebt weithallenden Ruf,
210 Weil er anstieß, ober vielleicht,
Weil er unser Schiff in der un=
gastlichen Bucht schaute: gewaltig, ha! schreit er.

Philoktetes. Die Vorigen.

Philoktetes.
Weh, Fremdlinge!
Wer seid ihr, die mit Rudern an dies Land gelenkt,
215 Das wüste, hafenlose, menschenleere Land?
Wie nenn' ich euch, nach welcher Heimat, welchem Stamm,
Mit rechtem Namen? Wohl umschließt Hellenentracht,
Die mir vor Allem theuer ist, die Glieder euch.
Doch eure Stimme hört' ich gern: o wendet euch
220 Nicht weg mit Abscheu, fürchtend mich Verwilderten;
Nein, habt Erbarmen mit dem unglückseligen,
Verlass'nen, freundelosen, hart gequälten Mann,
Und redet, wenn ihr wohlgesinnt als Freunde kamt.

Vergönnt mir Antwort: billig wird ja solche Gunst
225 Mir nicht von euch verweigert, und euch nicht von mir.

Neoptolemos.
Wohlan, o Fremdling, wisse denn vor Allem dies:
Wir sind Hellenen; denn nach diesem fragst du ja.

Philoktetes.
O theure Laute! Wonne! Hör' ich endlich doch
Ein Wort aus solchem Munde nach so langer Zeit!
230 Was hat dich, Sohn, getrieben, was hierher geführt?
Welch Sehnen, welch Verlangen, welcher holde Wind?
Dies Alles sage, daß ich wisse, wer du bist.

Neoptolemos.
Die meerumfloss'ne Skyros ist mein Vaterland;
Ich schiffe heim und heiße Neoptolemos,
235 Der Sohn Achillens. Alles hast du nun gehört.

Philoktetes.
O Sohn des theuren Vaters, Sohn des theuren Lands!
O Pflegekind des greisen Lykomedes! Wie,
Auf welcher Fahrt, von wannen kamst du hier an's Land?

Neoptolemos.
Gerade bin ich auf der Fahrt von Troja her.

Philoktetes.
240 Wie sagst du? Nimmer warst du doch, mit uns vereint,
Zu Schiff im Anfang, bei der Fahrt nach Ilion.

Neoptolemos.
So nahmst auch du an dieses Zuges Mühen Theil?

Philoktetes.
Mein Lieber, also weißt du nicht, mit wem du sprichst?

Neoptolemos.
Wie sollt' ich auch ihn kennen, den ich nie gesehn?

Philoktetes.
245 Auch meinen Namen, auch den Ruf von meiner Noth,
Die mich vernichtend niederbeugt, vernahmst du nie?
Neoptolemos.
Von Allem, was du fragtest, ward kein Wort mir kund.
Philoktetes.
Weh mir, dem vielgequälten, gottverhaßten Mann,
Von dessen Leide nicht ein Ruf nach Hause, noch
250 Sonst irgend hin gedrungen im Hellenenland!
Und jene, die mich frevelnd ausgeworfen hier,
Hohnlachen mein im Stillen: doch in voller Kraft
Blüht meine Krankheit, und gewinnt an Stärke stets.
O Kind, Achillens, eines edlen Vaters, Sohn!
255 Ich, wisse, bin derselbe, den dir wohl der Ruf
Als den genannt hat, der Herakles' Wehr geerbt,
Bin Philoktetes, Pöas' Sohn, den jene zwei
Heerfürsten und der Kephallenenkönig einst
Schmachvoll in diese Wüste warfen, weil an ihm
260 Die grimme Krankheit zehrte, seit der wilde Biß
Der mordbewehrten Natter ihn verwundete.
Mit ihr, o Jüngling, haben sie mich ausgesezt,
Mich einsam hier gelassen, als der Schiffe Zug
Von Chryse's Meereilande sich hieher gewandt.
265 Da froh gewahrend, wie ich matt vom Meergetos
Am Strande schlief im wohlgewölbten Felsenhaus,
Entfloh'n sie treulos, ließen wenig Lumpen mir,
Wie einem Bettler, und der Kost armseligen
Bedarf zurück: o werde Gleiches ihnen auch!
270 Doch welch Erwachen dünkt es dir, zu welchem ich
Nach ihrem Abzug aus dem Schlaf erstand, o Kind?
Wie bitter weint' ich? Wie beklagt' ich meine Noth?

Ich sah die Schiffe, welche mich hierher geführt,
All' abgezogen, keinen Mann am Orte mehr,
275 Nicht Einen, der mir hülfe, der mich Leidenden
In meiner Qual erquickte: ringsum späht' ich nach;
Doch Nichts entdeckt' ich überall, als Jammer nur;
Und dessen fand ich eine große Fülle, Kind.
Die Tage floh'n mir, einer nach dem andern, hin;
280 Ich mußt' allein hier unter diesem engen Dach
Mich selbst bedienen. Für den Hunger schaffte zwar
Das Nöthige dieser Bogen, der die flüchtigen
Waldtauben mir erlegte; doch, traf mein Geschoß,
Der Sehn' entrauscht, die Beute, mußt' ich Armer selbst
285 Nachkriechen meinem Fange, selbst mühvoll den Fuß
Hinschleppen. Braucht' ich einen Trunk, war etwa Holz
Zu fällen, wann der Boden, wie zur Winterzeit,
Vom Eise starrte, kroch ich Armer fort, es selbst
In's Werk zu richten. Dann gebrach's an Feuer mir,
290 Und Stein an Steine rieb ich, und entlockte kaum
Den dort verschloss'nen Funken, der mich stets erhält.
Denn wohnlich durch das Feuer, schafft die Hütte nun
Mir alle Nothdurft; nur Gesundheit schafft sie nicht.
Wohlan, o Sohn, jezt höre von der Insel auch.
295 Freiwillig mag kein Schiffer ihrem Strande nah'n;
Sie beut zur Landung keinen Ort, kein gastlich Haus,
Noch Pläze, wo der Handel ihm Gewinn verheißt.
Nie wendet hierher seine Fahrt ein kluger Mann.
Sie landen unfreiwillig wohl; denn das begibt
300 Im langen Menschenleben wohl sich manchesmal.
Und diese, wann sie kommen, Sohn, bedauern mich
Zwar wohl mit Worten, reichen wohl auch Speise mir
Ein wenig oder ein Gewand erbarmenvoll:

2*

Doch das, erwähn' ich's etwa, will mir Keiner thun,
305 Heimwärts mich retten; nein, in Noth und Hunger, ach!
Verkümmr' ich hier in dieses zehnte Jahr bereits,
Und unersättlich zehrt an mir die Wunde fort.
Dies thaten Atreus' Söhne mir, o Jüngling, an,
Dies that Odysseus: mögen einst Olympos' Herrn
310 Vergeltend ihnen lohnen, was sie mir gethan!
: Der Chor.
Auch ich beklage billig, Sohn des Pöas, dich,
Gleich jenen Fremden, welche hier gelandet sind.
: Neoptolemos.
Und deine Worte muß auch ich bestätigen.
Wahr sind sie, wahr, das weiß ich, weil ich selbst erfuhr,
315 Wie frech Odysseus, frech des Atreus Söhne sind.
: Philoktetes.
So hätten Atreus' Söhne denn auch wider dich
Gefrevelt, daß du diesen Allverderbern zürnst?
: Neoptolemos.
O könnt' ich sättigen meinen Groll mit dieser Hand,
Daß noch Mykenä, Sparta noch erkennte, wie
320 Auch Skyros tapf're Männer großgezogen hat!
: Philoktetes.
Recht, lieber Sohn: doch was verbrachen jene denn,
Das, deinen Zorn entflammend, dich von Troja trieb?
: Neoptolemos.
O Sohn des Pöas, sag' ich's denn, — doch kann ich's kaum —
Was die mich höhnten, als ich kam vor Ilion.
325 Nachdem Achillen dort ereilt des Todes Loos —
: Philoktetes.
Weh mir! O rede weiter nicht, bevor ich erst
Vernommen: Peleus' Sprößling, ist er wirklich todt?

Philoktetes.

Neoptolemos.
Ja, todt, von keinem Menschen, nein, von Götterhand
Erlegt, getroffen, sagen sie, durch Phöbos' Pfeil.
Philoktetes.
330 Ein Edler war denn Sieger und Gefallener!
Doch schwank' ich zweifelnd, ob ich deine Schmach, o Sohn,
Zuerst erkunden, oder ihn beklagen soll.
Neoptolemos.
Ich dächte, dein Leid, Armer, wäre dir genug,
Daß nicht um fremde Leiden du zu klagen brauchst.
Philoktetes.
335 Du redest Wahrheit. Sage denn noch Einmal mir
Von deinem Leide, wie dich höhnt' ihr Uebermuth.
Neoptolemos.
Um mich zu holen, kam Laertes' edler Sohn
Und meines Vaters Pfleger an auf buntem Schiff;
Sie sagten, ob wahrhaftig oder ohne Grund,
340 Unmöglich sei es, daß ein Andrer Pergamos,
Als ich, erob're, nun dahin mein Vater sei.
Und also redend, stimmten sie mich bald dahin,
O Fremdling, daß ich ungesäumt zu Schiffe ging,
Sehnsüchtig wünschend, ihn zu seh'n, den Todten, eh
345 Man ihn begrübe; denn ich hatt' ihn nie geseh'n:
Dann trieb mich auch des Ruhmes stolzes Wort hinaus,
Wenn ich die Zinnen Ilions eroberte.
Die zweite Sonne glänzte schon auf meiner Fahrt,
Und an Sigeions Trauerport trieb heller Wind
350 Mein Segel; schnell umringte mich das ganze Heer,
Sobald ich ausstieg, grüßte, schwur, der Thetis Sohn,
Der Todte, stehe neubelebt vor ihrem Blick.
Der lag in Todesschlummer dort: ich Armer ging,

Nachdem ich ihn betrauert, schnell den Freunden zu,
355 Den Söhnen Atreus', und erbat, wie's billig war,
Mir meines Vaters Waffen und sein andres Gut.
Doch jene, weh mir! sagten dies verweg'ne Wort:
„O Sohn Achillens, alles Andre magst du dir
Von deinem Vater nehmen; doch das Wehrgeräth
360 Nennt schon ein andrer Krieger sein, Laertes' Sohn."
Und ich, in Thränen schwimmend, sprang alsbald empor
In schwerem Unmuth, und erwiedre schmerzerfüllt:
„Ihr wagtet, Frecher, meine Wehr an meiner Statt
Jemanden auszuliefern, eh ihr mich gefragt?"
365 Da rief Odysseus, denn er stand nicht fern von uns:
„Ja, Knabe, mir, mir gaben sie mit Recht die Wehr;
Denn ich entriß die Waffen und ihn selbst dem Feind."
Und ich, erzürnt, rief alle nur erdenkbaren
Schmachworte, jeden Rachefluch auf sie herab,
370 Wenn jener mir entreiße meinen Waffenschmuck.
Er, sonst zum Zorne langsam, fand durch solches Wort
Sich schwer getroffen, daß er stolz entgegnete:
„Du standest, wo wir standen, nicht, bliebst feig daheim;
Und weil du so voll Trozes sprichst, erklär' ich dir:
375 Mit diesen Waffen sollst du nie gen Skyros zieh'n!"
Nach solcher Antwort, so geschmäht auf's Bitterste,
Segl' ich nach Hause, meines Eigenthums beraubt
Vom schlimmsten Kinde schlimmer Art, Laertes' Sohn.
Doch diesen klag' ich minder als die Herrscher an.
380 Denn Stadt und Heer, sie folgen beide ganz und gar
Den Worten ihrer Führer; wer das Schlechte liebt,
Wird durch des Meisters Lehre nur ein Bösewicht.
Nun sagt' ich Alles. Wer des Atreus Söhne haßt,
Der sei so lieb den Göttern, wie er mir es ist!

Philoktetes.

Der Chor.
Strophe.

385 Bergmutter, Erd', Allnährerin, welcher Zeus selbst entsproß,
Die waltet bei Paktolos' großem, goldnem Strom,
Schon dort, hehre Mutter, dort rief ich zu dir,
Da schmachvollen Hohn ihm des Atreus Geschlecht bot,
Da sie des Vaters Wehr ihm an Laertes' Sohn
390 Hingaben, als des Ruhms höchsten Preis,
O du Sel'ge, die auf Berglöwen hoch,
Den Stierwürgern, thront!

Philoktetes.
Ich sehe wohl, o Freunde, mit dem deutlichen
Merkmal des Schmerzes kommt ihr hergeschifft zu mir;
395 Zu meinem Lied stimmt eures; so erkenn' ich klar:
Das ist Odysseus' und der Atreussöhne Werk.
Der leiht ja seine Zunge, wie ich's wohl erfuhr,
Zu jedem Trug, zu jeder argen Tücke, daß
Er Nichts am Ende schaffen mag, was edel ist.
400 Doch wundert das mich minder, als daß Ajas auch,
Der größ're, solches ruhig anzuseh'n ertrug.

Neoptolemos.
Er lebte nicht mehr; freilich, wenn der lebte, Freund,
Dann hätte man mich meiner Waffen nie beraubt.

Philoktetes.
Wie sagst du? Ging denn dieser auch des Todes Weg?

Neoptolemos.
405 Ja, wisse, nicht mehr athmet er im Sonnenlicht.

Philoktetes.
O Jammer, weh mir! Aber Tydeus' Sohn und er,
Den sich Laertes einst erkauft von Sisyphos,
Die sollten nicht mehr leben, und sie starben nicht!

Neoptolemos.
Nein, wahrlich, dessen sei gewiß, sie blüh'n sogar
410 In hohem Anseh'n eben jetzt in Argos' Heer.
Philoktetes.
Wie aber? Lebt der alte, biedre Phyler noch,
Mein theurer Nestor? Hat doch er die schädlichen
Anschläge jener oft gehemmt durch weisen Rath.
Neoptolemos.
Er lebt, gebeugt von Trauer; sein Antilochos
415 Schied hin im Tode, der des Vaters Stüze war.
Philoktetes.
Weh mir! Du nanntest Zweie da, von deren Tod
Zu hören, mehr als alles Andre mich betrübt.
Wohin die Blicke wenden, ha! wenn die der Tod
Hinrafft, Odysseus aber lebt, wo, traun, der Ruf
420 Von seinem Tode melden sollt' an ihrer Statt?
Neoptolemos.
Das ist ein schlauer Ringer; doch nicht selten auch,
O Philoktetes, wird verstrickt ein schlauer Sinn.
Philoktetes.
Bei allen Göttern, sage doch, wo war dir da
Patroklos, deines Vaters heißgeliebter Freund?
Neoptolemos.
425 Auch dieser war gestorben. Nimm die Lehre dir
In kurzem Worte: nimmer raubt des Krieges Wuth
Die Schlechten gerne, sondern stets die Besten nur.
Philoktetes.
Wohl hast du Recht; und ebendarum will ich noch
Nach einem Manne fragen, der unwürdig war,
430 Doch klug und kühner Zunge, wie's mit diesem ist.

Neoptolemos.
Wer, als Odysseus, wäre der, nach dem du fragst?
Philoktetes.
Nicht diesen meint' ich; nein, Thersites hieß ein Mann,
Dem's nie genug war, Einmal nur zu sagen, was
Ungern gehört ward: weißt du nicht, ob dieser lebt?
Neoptolemos.
435 Ich sah ihn selbst nicht; wie ich hörte, lebt er noch.
Philoktetes.
Wohl muß er leben, weil ja noch nichts Böses starb.
Mit zarter Sorgfalt hegen das die Himmlischen;
Sie lieben, Tückevolles und Verschlagenes
Zurückzuführen aus des Hades Nacht, und stets
440 Hinabzusenden, was gerecht und edel ist.
Wie nenn' ich's? Soll ich's loben, wenn ich, Götterthun
Bereit zu loben, Götter selbst als schlecht erfand?
Neoptolemos.
O Sohn des Vaters, der an Oeta's Höh'n gebeut!
Ich will hinfort mich hüten, auch von ferne nicht
445 Die Stadt der Troer und des Atreus Söhne seh'n.
Denn wo der Schlechte höher als der Tapfre gilt,
Das Edle schmachvoll untergeht, der Feige siegt,
Nein, solchen Männern werd' ich nie befreundet sein.
An Skyros' Felseilande will ich fürder mir
450 Genügen lassen und der Heimat mich erfreu'n.
Ich gehe nun zum Schiffe. Lebe, lebe wohl,
O Sohn des Pöas! Mögen dich die Himmlischen
Von deiner Qual erlösen, wie dein Herz es wünscht!
Wir eilen weiter; denn sobald uns guten Wind
455 Ein Gott gewährte, wollen wir von bannen zieh'n.

Philoktetes.
Ihr rüstet schon zur Reise, Kind?
Neoptolemos.
Die Stunde mahnt,
Auf Wind im Schiff zu harren, nicht vom Ufer fern.
Philoktetes.
Bei deinem Vater, bei der Mutter, liebes Kind,
Und allem Andern, was daheim dir theuer ist,
460 Beschwör' ich dich und flehe, laß nicht so allein,
Hülflos in meinem Leide mich, das, wie du siehst,
Und wie du hörtest, grauenvoll mich hier umringt:
Als Nebenlast nur nimm mich! Zwar, ich weiß es wohl,
Vielfach beschwerlich wird dir solche Bürde sein;
465 Doch wag' es muthvoll! Hochgesinnte finden nur
Das Edle rühmlich und das Schlechte hassenswerth.
Dir, Jüngling, bringt es keinen Ruhm, versagst du mir's;
Und thust du's, ist der höchste Lohn der Ehre dein,
Wenn lebend heim ich kehre nach dem Oetaland.
470 Auf! Keines vollen Tages Frist währt solche Noth:
So wag' es, nimm und wirf mich hin, wo dir's gefällt,
In den Bauch des Schiffes, hinten oder vorne, wo
Ich euch, die Fahrtgenossen, nicht belästige.
Bei Zeus, dem Gott der Fleh'nden, Sohn, gewähre mir's,
475 Erhöre mich! An deine Kniee sink' ich hier,
Ich schwacher, armer, lahmer Mann: o laß mich nicht
In solcher Oede, die der Menschen Tritte flieh'n!
Zu deiner Heimat rette mich, ach, oder hin
In's reiche Land Euböa, wo Chalkodon herrscht.
480 Von dort zum Oeta führte mich kein weiter Weg,
Zu Trachis' Hügeln und dem stolzhinrollenden
Spercheios: wieder bringe mich dem Vater dort,

Um den die Sorge lange schon mich quält, er sei
Dahingegangen. Alle, die hier landeten,
485 Hab' ich mit heißen Bitten oft an ihn gesandt,
Selbst herzusegeln und mich heim zu retten: doch
Er ist gestorben, oder meine Boten sind,
So muß ich leider glauben, weil sie meine Noth
Für klein geachtet, ihrer Heimat zugeschifft.
490 Nun fleh' ich, sei du Bote, sei du Führer mir,
Erbarm dich meiner, rette mich; du siehest ja,
Wie drohend Alles, voll Gefahr, der Menschen Pfad
Umlagert, hier das Ungemach und dort das Glück.
Wer frei von Leid ist, blicke fürchtend auf das Leid,
495 Und wer das Glück hat, schaue frei mit wachem Blick
In's Leben, daß nicht ungeahnt der Fluch ihn trifft.

Der Chor.
Gegenstrophe.
Erbarmen, Herr! Vielfachen Kampf, herbe Noth klagt er uns,
Wie keinen unsrer Freunde je sie treffen soll!
Hassest du, Herr, Atreus' feindlich Geschlecht so sehr,
500 So würd' ich das Unheil, das Werk ihres Frevels,
Wandeln in Heil ihm, führt' in schnellsegelndem,
Geschmücktem Schiff zu dem ersehnten Port
Der Heimat ihn hin, flöhe den Rachefluch,
Der von den Göttern droht.

Neoptolemos.
505 Sieh, daß du jezt nicht allzuleicht dich willig zeigst,
Und, wann der Krankheit Nähe dich mit Ekel füllt,
Nicht als derselbe mehr erscheinst, der dieses sprach.

Der Chor.
Mit nichten: niemals soll der Tag erscheinen, wo
Du solchen Vorwurf wider mich mit Grund erhebst.

Neoptolemos.

510 Traun, Schande wär' es, fände man mich säumiger,
Als euch, dem Frembling beizusteh'n zur guten Zeit.
Drum wenn's gefällt, so geh'n wir; schnell bereit' er sich;
Auch wird das Schiff ihn tragen ohne Weigerung.
Daß nur die Götter rettend uns aus diesem Land
515 Dorthin an unsrer Wünsche Ziel geleiteten!

Philoktetes.

O meiner Tage schönster, du mein bester Mann,
Ihr theuren Schiffer, könnt' ich euch doch durch die That
Darthun, wie eure Liebe mich verpflichtet hat!
Wir geh'n, o Jüngling, wenn wir mein unwohnliches
520 Wohnhaus zuvor begrüßten, daß du lernest auch,
Wovon ich lebte, wie beherzt mein Leben trug.
Ein Andrer, glaub' ich, außer mir, ertrüg' es nicht,
Auch nur mit Augen dieses Elend anzuseh'n:
Die Noth zu lieben, lehrte mich die strenge Noth.

Der Chor.

525 Verweilt, wir wollen hören: denn zwei Männer nah'n,
Ein Schiffer deines Schiffes und der Andre fremd;
Die mögt ihr hören, eh' ihr euch hinein verfügt.

Der Späher, als Schiffsherr verkleidet. **Ein Schiffer.**
Die Vorigen.

Der Schiffsherr.

O Sohn Achillens, diesem Fahrtgenossen hier,
Der deines Schiffes Wächter mit zwei andern war,
530 Gebot ich, mir zu sagen, wo du eben seist,
Nachdem ich euch begegnet, nicht mit Willen zwar,
Nein, wohl vom Zufall hergelenkt zum gleichen Strand.
Ich bin ein Schiffsherr, segle, nicht mit großem Zug,
Von Troja heim zu Peparethos' Rebenland;

Philoktetes.

535 Und weil ich hörte, daß die Schiffer allzumal
Dir angehören, welche hier gelandet sind,
Schien mir's, ich dürfe schweigend, eh ich dir's gesagt,
Nicht weiter segeln, müss' empfah'n des Boten Lohn.
Wohl hast du nicht erfahren, was dich nah berührt,
540 Welch neuen Anschlag über dich die Danaer
Ersonnen haben, aber nicht Anschläge bloß,
Nein, schon vollbrachte, nicht hinausgeschobne That.

Neoptolemos.

Für diese Sorgfalt wartet dein liebreicher Dank,
O Freund, so wahr ich edel bin von edler Art.
545 Doch sage, was du meintest; denn ich wüßte gern,
Welch neuen Anschlag über mich das Heer gefaßt.

Der Schiffsherr.

Der greise Phönix und des Theseus Söhne sind
Mit Schiffen ausgezogen, dich verfolgend, Herr.

Neoptolemos.

Durch Bitten oder mit Gewalt mich fortzuzieh'n?

Der Schiffsherr.

550 Weiß nicht; ich komm' und melde, was ich selbst gehört.

Neoptolemos.

Und sollte Phönix und die Schiffsgefährten dies
Mit solchem Eifer für des Atreus Söhne thun?

Der Schiffsherr.

Schon wird's gethan von ihnen, soll nicht erst gescheh'n.

Neoptolemos.

So war Odysseus nicht bereit, selbst auszugeh'n
555 Auf diese Sendung? Oder hielt ihn Furcht zurück?

Der Schiffsherr.

Er ging mit Oeneus' Enkel einen andern Mann
Zu suchen, als ich auf die Fahrt von dannen zog.

Neoptolemos.
Nach welchem Manne fuhr Odysseus selbst hinaus?
Der Schiffsherr.
Es war —;
(halblaut)
vor Allem sage mir, wer dieser Mann
560 Hier ist, und sprich nur leise, was du sagen willst.
Neoptolemos.
(laut)
Das ist des Pöas hochgepries'ner Sohn, o Freund.
Der Schiffsherr.
So frage mich nicht weiter, nein, in Eile dich
Zusammenraffend, segle fort aus diesem Land.
Philoktetes.
Was sagt er, Jüngling? Was verkauft im Dunkel mich
565 Mit seinen Reden hier an dich der Handelsherr?
Neoptolemos.
Noch nicht versteh' ich, was er meint; doch muß er selbst
Ans' Licht es sagen, dir und mir und diesen da.
Der Schiffsherr.
O Sohn Achillens, klage nicht im Heer mich an,
Sag' ich Verbot'nes. Manches Gute thun sie mir
570 Und thu' ich ihnen wieder, wie's ein Armer kann.
Neoptolemos.
Ich bin des Atreus Söhnen feind, und dieser ist
Der liebste Freund mir, weil er Atreus' Söhne haßt.
So darfst du, wenn du kamest als mein Freund, vor uns
Kein Wort von dem verhehlen, was du dort gehört.
Der Schiffsherr.
575 Sieh, was du thust, Kind!
Neoptolemos.
Ich erwog es lange schon.

Philoktetes.

Der Schiffsherr.
Die Schuld von Allem bleibe dein!
Neoptolemos.
Sei's: rede nur!
Der Schiffsherr.
Nun gut! Nach dem zieh'n Beide, die ich dir genannt,
Der Sohn des Tydeus und Odysseus' Kraft, hinaus;
Sie schwuren, ihn zu bringen, sei's mit klugem Wort
580 Ihn überredend, oder durch der Stärke Macht.
Und deutlich hörten aus Odysseus' Munde dies
Die Wehrgenossen alle; denn er hatte mehr
Vertrau'n, die That zu wagen, als der Andere.
Neoptolemos.
Was ist es, daß auf diesen nach so langer Zeit
585 Die zween Atriden wiederum den Sinn gelenkt,
Auf ihn, der längst von ihnen ausgestoßen ward?
Was trieb sie? Welch Verlangen? War's der Götter Macht
Und Strafe, die des Freylers Missethaten wehrt?
Der Schiffsherr.
Das will ich (denn vermuthlich hast du's nicht gehört)
590 Dir alles kundthun. Ein erlauchter Seher war,
Der Priamide Helenos, so hieß der Mann:
Ihn fing Odysseus, dieser schmachbedeckte Schalk,
Der Mann des Hohnes, als er einst auf nächtlichem,
Einsamem Pfade streifte, schlug in Fesseln ihn,
595 Und ließ Achäa's Söhne seh'n den schönen Fang.
Da deutet' ihnen Allerlei der Seher aus,
Und sagte dann auch, daß sie Troja's Veste nie
Zerstörten, wenn sie diesen nicht mit klugem Wort
Aus diesem Eiland lockten, das er jetzt bewohnt.
600 Und als Laertes' Sprößling aus des Sehers Mund

Den Spruch vernommen, da verhieß er, ungesäumt
Den Mann zu stellen vor das Angesicht des Heers;
Er hoffe sicher ihn zu fah'n mit gutem Wort,
Und widersteh' er, mit Gewalt; mißling' es ihm,
605 Wer wolle, mög' ihm dann das Haupt vom Rumpfe hau'n.
Mein Sohn, du hörtest Alles: Eile rath' ich nun
Dir selbst und Jedem, dessen Wohl dir Sorge macht.

Philoktetes.

Weh, weh mir! Also schwur der Allverderbliche,
Beredend mich zu locken in's Achäerheer?
610 So wenig folg' ich, als ich todt aus Hades' Haus
Zum Lichte wiederkehre, wie sein Vater einst!

Der Schiffsherr.

Das weiß ich nicht. Nun aber eil' ich hin zum Schiff;
Und euch gewähre, was am besten frommt, ein Gott!

(ab.)

Philoktetes. Neoptolemos. Der Chor.

Philoktetes.

Ist das, o Kind, nicht schrecklich, daß Laertes' Sohn
615 In's Schiff mit glatten Worten mich zu locken hofft,
Mich dort zur Schau zu stellen vor dem ganzen Heer?
Nein! Wahrlich eher hört' ich auf das feindliche
Scheusal, die Natter, die des Fußes mich beraubt.
Doch dieser mag sich jedes Wortes, jeder That
620 Erdreisten: jezt auch weiß ich, daß er kommen wird.
So laß, o Sohn, uns eilen, daß wir weit hinweg
Von seinem Schiffe durch das Meer geschieden sind.
Auf denn von hinnen! Eilen wir bei guter Zeit,
Wird nach der Arbeit Schlummer uns und süße Rast.

Neoptolemos.
625 Sobald der Wind ruht, welcher vorn' am Buge bläst,
Geh'n wir zu Schiffe: jezo wehrt er uns die Fahrt.
Philoktetes.
Stets ist der Wind gut, wenn du vor dem Uebel fliehst.
Neoptolemos.
Gewiß; indeß auch jene sind durch ihn gehemmt.
Philoktetes.
Nie hält ein widerwärt'ger Wind die Räuber auf,
630 Wenn ihnen Diebstahl, wenn Gewaltraub ihnen winkt.
Neoptolemos.
Nun, wenn's gefällt, so geh'n wir; doch nimm drinnen erst,
Wozu Bedürfniß oder Wunsch zuerst dich treibt.
Philoktetes.
Wohl brauch' ich Etwas, das ich wähl' aus Wenigem.
Neoptolemos.
Was wär' es, das dir unser Schiff nicht geben kann?
Philoktetes.
635 Ein Kraut besiz' ich, welches stets am ehsten mir
Der Wunde Schmerz einschläfert, daß er ganz verstummt.
Neoptolemos.
So hole dieses: was begehrst du weiter sonst?
Philoktetes.
Ob mir von diesem Bogen aus Versehen nicht
Ein Stück entfallen, daß es mir kein Andrer nimmt.
Neoptolemos.
640 Das ist der edle Bogen denn, in deiner Hand?
Philoktetes.
Der ist es, ja; denn keinen andern trag' ich sonst.

Neoptolemos.
Und ist es mir gestattet, darf ich näher ihn
Betrachten, fassen, küssen, wie ein Heiligthum?
Philoktetes.
Dir, Trauter, will ich gerne dies und was mir sonst
645 Gehört, gewähren, wenn es dich erfreuen kann.
Neoptolemos.
Ich wünsch' es freilich, aber so nur wünsch' ich es:
Darf ich, so möcht' ich's; darf ich nicht, versage mir's.
Philoktetes.
Du redest fromm, o Jüngling, und du darfst es wohl,
Du, der allein die Strahlen dieser Sonne mich,
650 Der mich das Land am Oeta, der die Freunde mich,
Den greisen Vater schauen läßt, der hoch empor
Mich schon gestürzten über meine Feinde hob!
Getrost: du darfst ihn fassen, darfst dem Gebenden
Ihn geben, darfst dich rühmen, daß auf Erden du
655 Zum Lohne deiner Tugend ihn allein berührt.
(reicht ihm den Bogen hin.)
Durch Liebesdienste hab' ich selbst ihn mir verdient.
Neoptolemos.
Wohl, wohl mir, daß ich dich gesehn, zum Freund gewann!
Denn wer für Wohlthat wohlzuthun versteht wie du,
Weit über alle Schäze geht ein solcher Freund.
660 So geh hinein.
Philoktetes.
(ergreift seinen Arm)
Und du geleite mich, o Kind,
Da meine Krankheit deinen Arm als Stüze sucht.
(Beide gehen in die Höhle. Der C h o r bleibt allein zurück.)

Der Chor.
Erste Strophe.
Ich hörte wohl von jenem, doch nie sah ich ihn,
Welcher genaht Zeus' Bette, den frevelnden
Ixion, den an das kreisende Rad gebunden hält
665 Der starke Sohn des Kronos.
Doch nie hab' ich gehört durch das Gerücht, oder geseh'n jemals,
Daß ein Sterblicher Leib empfand, wie dieser,
Der doch nie Raub verübte noch Gewalt,
Edlen gesellt, ein edler Mann,
670 Also schuldlos unterging.
Mich ergreift Staunen darob,
Wie er es, wie, allein die Flut, die ihn umbraust, vernehmend hier,
Wie er ein solches Thränenloos tapfer besteht, so einsam.
Erste Gegenstrophe.
Hier wohnt er einzeln, ihm gebricht des Fußes Kraft,
675 Mangelt ein Nachbar, welchem in Thränen er
Den herben Schmerz an der fressenden, blutumströmten Wunde,
Rings vernehmbar, klage,
Der ihm stille das heißquellende Blut, welches die Wund' ausströmt
Am giftschwellenden Fuß, sobald der Schmerz ihn
680 Befiel, durch linde Kräuter, die er vom
Nährenden Schooß der Erde las.
Dort und hier ja schleppt er sich
Mit dem Fuß kriechend umher,
(Wie von der Amme fern ein Kind,) wo sich der Pfad bequem für ihn
685 Ebnete, wenn das Uebel wich, welches ihm nagt am Herzen.

Zweite Strophe.

Nimmer stärkt ihn die Frucht heiliger Erd' oder
Was der Sterblichen sinnreiches Geschlecht sonst nährt,
Wenn nicht etwa mit schnelltreffender Pfeilschwinge
Ihm sein Flügelgeschoß errang die Nahrung.
690 Wehe dir, Unglücksohn,
Der am lieblichen Wein nicht sich gelabt schon in das zehnte
Jahr,
Nein, immer, wo er sumpfendes Wasser sah,
Sehnsüchtig hinankroch!
Zweite Gegenstrophe.
Doch nun, weil er den Sohn rühmlicher Ahnherrn fand,
695 Wird er glücklich und groß aus dem Geschick ersteh'n:
Auf meerwandelndem Boot führt ihn der Retter heim,
Nach viel Monden, zum vaterländ'schen Wohnsiz
Melischer Seejungfrau'n,
An Spercheios' Gestad, wo sich der Held, prangend in
eh'rnem Schild,
700 Zum Göttersiz aus göttlicher Glut empor
Hob über dem Oeta.

(Neoptolemos und Philoktetes treten aus der Höhle.)

Neoptolemos. Philoktetes. Der Chor.

Neoptolemos.

Komm, wenn du willst. Warum verstummst du plözlich so
Ohn' allen Grund? Was hält dich also starr und stumm?

Philoktetes.

Ah, ah, ah, ah!

Neoptolemos.

705 Was hast du?

Philoktetes.

Gar nichts Arges: geh nur weiter, Sohn!

Neoptolemos.
Wohl fühlst du Schmerzen, da die Krankheit nahe bringt?
Philoktetes.
Nein, wahrlich! Eben, mein' ich, wird mir's leichter schon.
Ihr Götter, o!
Neoptolemos.
Was rufst du so die Götter tiefaufseufzend an?
Philoktetes.
710 Sie sollen hülfreich lindernd uns als Retter nah'n.
Ah, ah, ah, ah!
Neoptolemos.
Was widerfuhr dir? Sagst du's nicht? Verharrst du ganz
In Schweigen? Denn ein Leiden quält dich offenbar.
Philoktetes.
Ich bin verloren! Nimmer kann ich, Sohn, die Qual
715 Vor euch verhehlen. Götter, ha! Durch dringt sie, durch,
Durch dringt sie: weh, ich Armer, Unglückseliger!
Ich bin verloren! Wie es zehrt! Ach Kind, o weh!
Ach wehe, weh! Weh, weh, o weh! Ach wehe, weh!
Bei allen Göttern, wenn du hier in der Nähe, Sohn,
720 Zur Hand ein Schwert hast, triff des Fußes Spitze; flugs,
Flugs hau' ihn ab, und schone meines Lebens nicht!
O thu's, Kind!
Neoptolemos.
Welch neues Grauen faßte dich so plötzlich, daß
Du solch Gewinsel und Gestöhn um dich erhebst?
Philoktetes.
725 Du weißt, o Kind —
Neoptolemos.
Was?

Philoktetes.
Sohn, du weißt — Was red' ich noch?
Neoptolemos.
Nichts weiß ich.
Philoktetes.
Wie? Du weißt es nicht? Ach wehe, weh!
Neoptolemos.
Schwer drückt der Krankheit Bürde dich, Unglücklicher!
Philoktetes.
Schwer wahrlich, graunvoll, namenlos: erbarm dich mein!
Neoptolemos.
Was kann ich thun?
Philoktetes.
Erschrocken, laß nicht ab von mir:
730 In gleichem Irrlauf kommt der Schmerz nach langer Frist,
Sobald er sich gesättigt.
Neoptolemos.
Ach, Unseliger,
Durch all die Leiden offenbar Unseliger!
Verlangst du, daß ich fassen dich und halten soll?
Philoktetes.
Nicht dieses: doch hier meinen Bogen nimm zu dir,
735 Wie du mich eben batest, und bis diese Pein
Des Leidens nachläßt, dessen Wuth mich jezt befiel,
Bewahre mir und hüt' ihn. Denn mich faßt der Schlaf,
Sobald die Qual ihr vorbestimmtes Ziel erreicht;
Und früher ist kein Ende. Doch dann lasse man
740 Mich ruhig schlummern. Aber wenn in dieser Zeit
Die Männer kommen, dann, bei Zeus, gebiet' ich dir:
Nicht willig, noch gezwungen, noch durch List verlockt,

Laß ihnen diesen, daß du nicht zugleich dich selbst
Und mich ermordest, deinen Schuzbefohlenen.
Neoptolemos.
745 Auf meine Vorsicht darfst du bau'n; nur ich und du
Empfangen ihn; mit gutem Glücke reich' ihn her!
Philoktetes.
Hier, nimm ihn; doch versöhne, Kind, der Götter Neid,
Daß dir die Wehr nicht Schmerzen, nicht Verderben bringt,
Wie mir und jenem, welcher sie vor mir besaß.
Neoptolemos.
750 Verleiht, o Götter, dieses uns; verleihet ihr
Zu froher Fahrt uns guten Wind, wohin ein Gott
Uns will geleiten und der Zug bereitet wird!
Philoktetes.
Ich fürchte, Jüngling, dein Gebet wird eitel sein:
Denn wieder quillt aus tiefer Wunde mir das Blut
755 In dunkeln Tropfen, und mir ahnt ein neuer Sturm.
O weh! Ach!
Weh, wehe, Fuß! Ha, welche Marter schaffst du mir!
Es schleicht her,
Es bringt heran stets näher: weh mir Armen, weh!
760 Da habt ihr Alles: ach, entweicht, flieht nicht von mir!
Ah, ah, ah!
O Kephallener, möchte doch an deiner Brust
Durchbohrend haften dieser Schmerz! Ach wehe, weh!
Ja, wehe nochmals! Und des Heers Anführer ihr,
765 Agamemnon und Menelaos, daß an meiner Statt
Ihr diese Krankheit nährtet, und gleich lange Zeit!
Weh, weh mir!
O Tod, o Tod! Du, den ich also jeden Tag
Ohn' Unterlaß anrufe, was erscheinst du nie?

770 Mein Trauter du, mein Edler, komm und fasse mich,
Verbrenne mich in Lemnos' Flammengluten dort,
Den oft von mir geruf'nen!' Hab' ich selber doch
Dem Sohn Kronions für den Preis der Waffen einst,
Die jezo du bewahrest, gleichen Dienst erzeigt.
775 O sprich, Sohn!
O sprich! — Du schweigst? Wo waren deine Sinne, Kind?

Neoptolemos.
Schon lange leid' ich und bejammre dein Geschick.

Philoktetes.
Doch sei getrost auch, theures Kind; denn diese Qual
Ist immer heftig, wenn sie kommt, und scheidet schnell.
780 Nur Eines bitt' ich, laß allein mich nicht zurück.

Neoptolemos.
Getrost! Ich bleibe.

Philoktetes.
Bleibst du?

Neoptolemos.
Traue meinem Wort.

Philoktetes.
Durch keinen Eidschwur will ich, traun, dich binden, Sohn.

Neoptolemos.
Ist, ohne dich zu kommen, mir doch nicht erlaubt.

Philoktetes.
Gib mir die Hand zum Pfande.

Neoptolemos.
(ihm die Hand reichend)
Nimm! Ich bleibe hier.

Philoktetes.
(seine Hand haltend, und nach der höher liegenden Felsenhöhle deutend)
785 Dorthin — ja dorthin —

Neoptolemos.
Wie? Wohin?
Philoktetes.
Nach oben dort —
Neoptolemos.
Wie sprichst du sinnlos, schaust die Sonne droben an?
Philoktetes.
O laß mich, laß mich —
Neoptolemos.
Und wohin?
Philoktetes.
O laß mich doch!
Neoptolemos.
Ich muß dich halten.
Philoktetes.
Dein Berühren tödtet mich.
Neoptolemos.
(läßt seine Hand los)
Nun, bist du deiner mehr bewußt, so laß' ich dich.
Philoktetes.
790 O nimm mich, Erde, wie ich bin, den Sterbenden!
Denn nimmer aufrecht stehen läßt mich diese Qual.
(er sinkt zurück und entschlummert.)
Neoptolemos.
In kurzer Zeit, so scheint es, wird der Schlaf den Mann
Befallen: auf den Nacken sinkt sein Haupt zurück;
Herab in Tropfen quillt der Schweiß am ganzen Leib,
795 Und unterhalb am Fuße brach die Ader auf,
Das schwarze Blut ausströmend. Laßt, o Freunde, denn
Ihn ruhig liegen, daß er sinkt in süßen Schlaf.

Der Chor.
Strophe.

Schlummer, des Grams und der Sorge vergessender
Gott, sanft anhauchend erschein' uns,
800 Tritt her, du labender, labender Gott!
Halte vom Aug' ihm fern
Dies Licht, das über der Erde wallt!
Erschein' uns, Heilbringer!
(zu Neoptolemos:)
Du Jüngling, sieh zu, wo du
805 Stehst, wohin du gehst, und was uns weiter
Zu thun sei! Schon weißt du's:
Was säumst du noch länger?
Die gelegene Zeit, Rath schaffend in Allem,
Gewinnt, rasch ergriffen, glorreichen Sieg.

Neoptolemos.
810 Wohl, er vernimmt nichts mehr. Doch glaube mir, daß wir des Bogens
Beute vergeblich errungen, entschiffen wir ohne den Mann hier.
Denn sein wartet der Kranz, ihn hieß uns bringen die Gottheit.
Unvollendeter That mit Lug sich zu rühmen, wie schmachvoll!

Der Chor.
Gegenstrophe.

Solches, o Jüngling, ordnen die Ewigen:
815 Doch, gibst du mir Antwort wieder,
Ganz leise nur, leise nur (hörst du, Kind?)
Sende zu mir dein Wort.
Denn schlaflos ist ja der Kranken Schlaf,
Und lauscht, und sieht Alles.
820 Doch suche, wähl' aufs Beste,
Spähe still und heimlich, sorgsam spähe

Mir, was du thun willst, aus.
Von wem ich hier rede,
Das weißt du ja: stimmt dein Wille zu seinem,
825 Entwirrt selbst ein Kluger solch Wirrsal kaum.
Schlußgesang.
Fahrwind athmet ja, Fahrwind,
Sohn! Hülflos liegt er und augenlos,
Der Mann hier, nächtlich im Schlafe gestreckt,
(Willkommener Schlaf uns!)
830 Weder der Hand noch dem Fuße gebeut er,
Nein, als läg' er im Schooße des Aïdes,
So blickt er. Sprich, was an der Zeit ist!
Dies Eine nur, o Sohn, wurde mir klar:
Wagst du furchtlos, glückt die That wohl.
Neoptolemos.
835 Nun schweiget, sag' ich, seid gefaßt und unverzagt!
Der Mann bewegt die Augen und erhebt das Haupt.
Philoktetes.
(erwachend)
O Licht, dem Schlummer folgend, und o treuer Schuz
Von diesen Fremden, über all Erwarten treu!
Denn nimmermehr, o Jüngling, hätt' ich das gedacht,
840 Daß du zurück hier bliebest und, ein Helfer mir,
So voll Erbarmen meine Noth abwartetest.
Das haben Atreus' Söhne ja, die trefflichen
Heerfürsten, auszubulden nicht den Muth gehabt.
Doch dein Gemüth ist edel, du bist edler Art;
845 Deßhalb, o Kind, ertrugst du dieses Alles leicht,
Umringt von eklem Moderduft und Wehgeschrei.
Und jezo, weil mir süße Rast, ein linderndes
Vergessen dieser Schmerzen, Kind, zu kommen scheint,

Erhebe du mich, richte du mich auf, o Kind,
850 Daß wir, sobald mich endlich läßt die Mattigkeit,
Zum Schiffe gehen und sofort von dannen zieh'n.
Neoptolemos.
Wie freut mich's, athmend über mein Verhoffen dich
Und offnes Auges noch zu seh'n und sonder Schmerz,
Da bei dem Anfall, welcher dich gebunden hielt,
855 Uns alle Zeichen deinen Tod verkündeten!
Nun stehe selbst auf, oder, wenn dir's lieber ist,
Laß dich von diesen tragen; denn sie scheuen nicht
Die Mühe, wenn es also dir und mir gefällt.
Philoktetes.
Ich danke, Jüngling: hebe mich, wie dir's beliebt;
860 Doch diese laß nur, daß sie nicht der ekle Duft,
Bevor es sein muß, quäle; denn im Schiffe selbst
Bringt ihnen meine Gegenwart noch Qual genug.
Neoptolemos.
(den Arm bietend)
So sei es: doch nun stehe selbst und halte dich.
Philoktetes.
(sich aufrichtend)
Sei ruhig; langgeübter Brauch hat mich's gelehrt.
Neoptolemos.
865 O Götter! Was beginnen, was nun weiter thun?
Philoktetes.
Was hast du? Wo gerathen deine Sinne hin?
Neoptolemos.
Das Wort versagt mir, und ich weiß nun keinen Rath.
Philoktetes.
Wo bist du rathlos? Rede mir nicht also, Kind.
Neoptolemos.
Doch mitten find' ich mich bereits in solcher Noth.

Philoktetes.
870 Dich hat doch meines Uebels Last nicht umgestimmt,
Daß, mich an Bord zu nehmen, dich gereuen will?
Neoptolemos.
Freund, Alles ist uns lästig, wenn wir, unsrer Art
Untreu geworden, üben, was uns nicht geziemt.
Philoktetes.
Doch nichts von deines Vaters Art Abweichendes
875 Thust oder sprichst du, wenn du hilfst dem edlen Mann.
Neoptolemos.
Schlecht werd' ich dastehn: dieses drückt mich lange schon.
Philoktetes.
In deinem Thun nicht, doch mir bangt, in deinem Wort.
Neoptolemos.
Zeus, was beginn' ich? Zeig' ich abermals mich schlecht,
Das Wahre bergend, sagend, was die Pflicht verbeut?
Philoktetes.
880 Der Mann, berückt mich anders nicht ein falscher Wahn,
Zieht seines Weges und verläßt mich treulos hier.
Neoptolemos.
Mit nichten; aber daß du nicht zu deinem Leid
Mein Schiff besteigest, dieses drückt mich lange schon.
Philoktetes.
Wie meinst du das, o Jüngling? Ich verstehe nicht —
Neoptolemos.
885 Nichts will ich bergen: Freund, du mußt nach Ilion
Zum Heer Achäa's und des Atreus Söhnen zieh'n.
Philoktetes.
Was sagst du? Weh mir!
Neoptolemos.
Jamm're nicht, bevor du hörst —

Philoktetes.
Was soll ich hören? Was gedenkst du mir zu thun?
Neoptolemos.
Ich will zuerst von deinem Uebel dich befrei'n,
890 Und dann mit dir die Troervefte stürzen geh'n.
Philoktetes.
Du denkst im Ernste das zu thun?
Neoptolemos.
Die strenge Noth
Gebeut mir also: zürne nicht, vernimmst du dies.
Philoktetes.
Ich bin verloren, bin verkauft! Was hast du mir
Gethan, o Frembling? Mein Geschoß gib gleich zurück!
Neoptolemos.
895 Das ist unmöglich; denn die Pflicht und eignes Wohl
Heißt mich gehorsam achten auf der Herrscher Wort.
Philoktetes.
Du Feuerbrand, du Grauen, du feindseliges
Gewebe falscher Trügerei, wie thust du mir,
Wie hast du mich betrogen, und erröthest nicht,
900 Mich Schuzbefohl'nen, Fleh'nden anzuseh'n, o Schalk?
Den Bogen raubend, raubtest du mein Leben mir.
Ach gib, ich flehe, gib mir ihn zurück, o Kind;
Bei deiner Ahnen Göttern, nimm mein Leben nicht!
Weh, wehe! Nicht mit einem Laut entgegnet er:
905 Nein, wie ihn nie zu lassen, blickt der Arge weg.
Ihr Buchten dort, ihr schroffen Felsabhänge, du
Bergwild, Genosse meines Grams, ihr Klippen hier,
Euch klag' ich — keinem Andern ja vermag ich es,
Ihr seid zugegen, hört mich stets in meinem Leid —
910 Euch klag' ich, euch, was mir Achilleus' Sohn gethan:

Führt mich nach Troja, der mich heimzuführen schwur,
Gibt mir die Hand zum Pfande, raubt das heilige
Geschoß, Herakles' Bogen, mir, des Sohns von Zeus,
Und will es zeigen allem Volk der Danaer!
915 Wie einen Starken führt er mit Gewalt mich fort,
Nicht wissend, daß er Luftgebild' und Leiche nur,
Des Schattens Rauch schlägt. Hätt' ich Kraft, er fing mich nie;
Denn auch den Kraftberaubten fing er nur mit List.
Nun — so betrogen, was beginn' ich Armer nun?
920 Gib mir zurück ihn, werde wieder, der du warst!
Was sagst du? Schweigst du? Wehe mir, ich bin dahin!
Du Fels mit deinem Doppelthor, ich schleiche nun
Nackt, ohne Nahrung, wiederum zu dir zurück;
Einsam verschmachten werd' ich hier in dieser Kluft,
925 Und kein beschwingter Vogel noch des Berges Wild
Erliegt von diesen Pfeilen mehr; selbst werd' ich todt
Ein Mahl für jene, deren Fleisch mich sättigte,
Und, die zuvor ich jagte, jagen nun mich selbst.
Mit meinem Tode büß' ich Armer ihren Tod
930 Durch diesen, der kein Böses mir zu kennen schien.
Noch lebe, stirb nicht, eh' ich weiß, ob etwa noch
Dein Sinn sich wendet; anders stirb des Bösen Tod!
Der Chor.
Was thun wir? Nun steht Beides, Herr, bei dir: an Bord
Zu gehen oder seinem Wunsch gerecht zu sein.
Neoptolemos.
935 Mich hat ein bitteres Schmerzgefühl um diesen Mann
Ergriffen, nicht erst eben jezt, nein, lange schon.
Philoktetes.
Erbarmen, Sohn! Bei'm Himmel, biete nicht dich selbst
Der Welt zum Hohne, daß du mich betrogen hast.

Neoptolemos.
Weh, was beginn' ich? Hätt' ich doch mein Skyros nie
940 Verlassen! Also schmerzt mich, was ich leiden muß.
Philoktetes.
Kein Böser bist du; Böse nur verlockten dich
Zum Argen, scheint es; aber laß den Schlechten nun
Das Schlechte, mir gib meine Wehr und segle fort.
Neoptolemos.
Was thun wir, Männer?

Odysseus (tritt schnell hervor). **Die Vorigen.**
Odysseus.
Bösewicht, was willst du thun?
945 Tritt gleich zurück, und gib mir diesen Bogen her.
Philoktetes.
Wer ist der Mann? War das Odysseus' Stimme nicht?
Odysseus.
Gewiß, Odysseus' Stimme; mich erblickst du hier.
Philoktetes.
Verkauft, verloren bin ich, ach! Der also war's,
Der mich gefangen, der die Pfeile mir entwandt!
Odysseus.
950 Gewiß, ich selbst, kein Andrer; frei bekenn' ich es.
Philoktetes.
Sohn, gib den Bogen, laß mir ihn!
Odysseus.
Das wird er nie,
Auch wenn er wollte; nein, du selber mußt mit ihm
Von hinnen, oder schleppen sie mit Zwang dich fort.
Philoktetes.
Mich? Du, der Schlimmen Schlimmster und Verwegenster,
955 D i e mich gewaltsam?

Philoktetes.

Odysseus.
Wenn du nicht freiwillig gehst.

Philoktetes.
O Inselland von Lemnos, allgewaltige
Glut aus Hephästos' Esse, das denn duldet ihr,
Daß dieser mich gewaltsam euren Höh'n entführt?

Odysseus.
Zeus, wisse das, Zeus ist es, dieses Landes Herr,
960 Zeus, der es so geboten, und ich führ' es aus.

Philoktetes.
Ruchloser, welche Reden sinnst du kecklich aus?
Vorwendend Götter, machst du Götter lügenhaft.

Odysseus.
Nein, sondern wahrhaft. Wandeln mußt du diesen Pfad!

Philoktetes.
Ich sage: nein!

Odysseus.
Und ich gebiet' es, du gehorchst!

Philoktetes.
965 Weh, weh mir Armen! Also hat mich offenbar
Zum Knecht gezeugt mein Vater, nicht zum freien Mann!

Odysseus.
Nein, als den besten Männern gleich, mit welchen du
Die Zinnen Troja's stürmen und zerstören sollst.

Philoktetes.
Niemals, und müßt' ich jedes Leid erdulden auch,
970 So lange mir die jähe Felsenstufe bleibt!

Odysseus.
Was willst du thun?

Philoktetes.
Vom Felsen stürz' ich mich sofort,
Zerschmettre blutig dieses Haupt am Felsen hier.
Odysseus.
Ergreift ihn: nimmer stehe das in seiner Macht!
(Philoktetes wird von den Knechten ergriffen und an den Händen festgehalten.)
Philoktetes.
O Hände, was erduldet ihr, die nun, beraubt
975 Der trauten Sehne, dieser Mann gebunden hält!
Du, welcher nie das Reine, nie das Edle denkt,
Wie hast du mich beschlichen, wie gefangen und
D e n Knaben vorgeschoben, der mir unbekannt,
Unwürdig deiner, aber mein wohl würdig war,
980 Der Nichts gewußt hat, als zu thun, was du befahlst,
Der aber jezt schon, wie du siehst, mit Schmerzen fühlt,
Was er verschuldet, und das Leid, das ich erfuhr.
Dein böser Sinn nur, welcher stets im Winkel lauscht,
Hat ihn, den arglos Blöden, Widerstrebenden,
985 Wohl unterwiesen, klug zu sein in arger List.
Nun denkst du mich zu binden, mich vom Strande weg
Zu führen, Frevler, wo du mich einst ausgesezt
Freundlos, verlassen, fern von Haus, im Leben todt!
Weh!
Tod dir! Ich flehte dieses oft auf dich herab;
990 Doch nichts Erwünschtes theilen mir die Götter zu;
Du lebst in Freuden, aber ich empfinde Schmerz
Darüber, daß ich lebe, leb' in schwerer Qual,
Von dir verspottet und den zwei Heerfürsten dort,
Den Söhnen Atreus', welchen du dies Werk bestellst.
995 Du wurdest gleichwohl mitzuzieh'n durch Zwang und List
Genöthigt; mich Verlor'nen, der freiwillig zog

Mit sieben Masten, warfen sie mit Schmach hinaus,
Wie du behauptest; jene geben dir die Schuld.
Und nun — wozu, was bindet, was entführt ihr mich,
1000 Mich, der ein Nichts ist und für euch schon lange todt?
Was hältst du, Gottverhaßter, nun mich nicht für lahm,
Für übelriechend? Wie, von mir begleitet, könnt
Ihr noch den Göttern opfern, wie noch Spenden weih'n?
Mich auszustoßen, hast du dies ja vorgewandt.
1005 Tod euch! — ja, Tod wird treffen euch, die so verrucht
An mir gefrevelt, wenn das Recht vor Göttern gilt.
Ich weiß, es gilt vor ihnen; niemals wärt ihr ja
Den Weg gezogen nach dem Unglückseligen,
Wenn nicht ein Götterstachel euch hertrieb zu mir.
1010 O Vatererde, Götter, ihr allsehenden,
So strafet endlich, endlich doch, o strafet sie,
Sie alle, wenn ihr meiner euch erbarmen wollt!
Wohl leb' ich elend; aber säh' ich diese nur
Vernichtet, glaubt' ich meiner Qual entflohn zu sein.

Der Chor.

1015 Schwer zürnt der Fremdling, sprach zu dir in schwerem Zorn
Ein Wort, Odysseus, das der Noth sich nicht gebeugt.

Odysseus.

Ich könnte Viel entgegnen auf des Mannes Wort,
Wär's mir verstattet; nun vermag ich Eines nur.
Wo mir's die Pflicht gebietet, thu' ich wie ich that;
1020 Doch wo's gerechte, tugendhafte Männer gilt,
Da wirst du keinen frömmern Mann, als mich, erseh'n.
Wohl drängt zum Sieg ein angeborner Trieb mich stets,
Nur über dich nicht; gerne weich' ich jezt vor dir.
So laßt den Mann denn, und berührt nicht weiter ihn;
1025 Er möge bleiben! Wir bedürfen deiner nicht;

Denn deine Waffen haben wir, und Teukros ist
In unserm Heere, wohlbewährt in dieser Kunst,
Auch ich, der, traun, nicht ungeschickter dies Geschoß,
Als du, zu führen und an's Ziel zu treffen meint.
1030 Was braucht es deiner? Lebe wohl auf Lemnos' Höh'n!
Wir aber gehen! Mir erringt dein Ehrenlohn
Den Ruhm vielleicht noch, welcher dir beschieden war.
Philoktetes.
Was soll ich thun, ich Armer? Weh! Du willst geschmückt
Mit meinen Waffen prangen im Achäerheer?
Odysseus.
1035 Erwiedre mir Nichts weiter; denn ich gehe schon.
Philoktetes.
O Sohn Achillens, werd' ich denn auch nicht von dir
Der Rede mehr gewürdigt? Also gehst du mir?
Odysseus.
(zu Neoptolemos)
Du geh und blicke nicht nach ihm aus Mitgefühl,
Auf daß du nicht, großmüthig, unser Glück zerstörst.
Philoktetes.
(zu dem Chore)
1040 Auch ihr, o Freunde, wollt allein im öden Land
Zurück mich lassen, und erbarmt euch meiner nicht?
Der Chor.
Der Jüngling hier ist unser Schiffsgebieter, und
Was er zu dir sagt, eben dies auch sagen wir.
Neoptolemos.
Wohl wird Odysseus, daß ich voll Erbarmen sei,
1045 Mich tadeln; dennoch bleibet, wenn es dieser wünscht,
So lange Zeit noch, bis die Schiffer Alles dort
Zur Fahrt bestellt und wir die Götter angefleht.

Und er besinnt sich unterdeß auf Beß'res wohl
Für unsern Vortheil. Doch wir beide brechen auf,
1050 Und ihr, sobald wir rufen, kommt in Eile nach.
(Odysseus und Neoptolemos ab.)

Philoktetes. Der Chor.

Philoktetes.
Erste Strophe.

O tiefhöhliges Felsgemach,
Warmes, kühles Gewölbe du,
Also werd' ich Gequälter dich
Nie mehr lassen, du wirst dereinst
1055 Auch im Tode mir beisteh'n!
O weh, weh mir!
Unglückselige Grotte du,
Meiner bittersten Klagen voll!
Was soll fürder mich nähren?
1060 Wo vermag ich zu hoffen, daß
Einer mit Speisen erquicke mich Darbenden?
O daß hoch empor
Vögel mit sausendem Schwung in die Lüfte mich
Entrafften! Nicht mehr wehr' ich's.

Der Chor.
Zweite Strophe.

1065 Du selbst, du selbst erkorst dir dieses,
Unseliger; ja, kein Andrer sonst,
Kein Größerer band dich an dieses Geschick.
Dein war die Wahl des Bessern;
Aber das Heil hast du verschmäht, und dir erwählt das
Schlimm're.

Philoktetes.
Erste Gegenstrophe.

1070 Weh, weh über mich Elenden,
Abgemüht von des Leidens Hohn!
Der verlassen hinfort, und nie
Einem Sterblichen mehr gesellt,
Hier dem Tode zum Raub wird,
1075 (O weh, wehe!)
Der nicht Speise nach Hause mehr
Schafft, nicht durch die beschwingte Wehr
Sie mit kräftigen Armen
Hascht; denn nimmergeahnt beschlich
1080 Mich das betrügliche Wort des Verschlagenen!
Ha, wohl möcht' ich ihn,
Der es ersonnen, an gleiche Bekümmerniß
Gleich lange Zeit gebannt seh'n!

Der Chor.
Zweite Gegenstrophe.

Die Götter thaten dir's, die Götter;
1085 Kein täuschender Trug von meiner Hand
Umfing dich: o wirf den verwünschenden Fluch
Des Misgeschicks auf Andre!
Bangt es mir doch, daß du den wohlwollenden Sinn verscherzest.

Philoktetes.
Dritte Strophe.

Weh mir, weh! An der grauen See
1090 Strande sizt er und spottet wohl
Mein und schwingt in den Händen
Meine lebenerhaltende
Wehr, die noch kein Sterblicher trug.
Trauter Bogen, der trauten Hand

Philoktetes.

1095 Durch schamlose Gewalt entrückt!
Wurde Gefühl dir verliehen, so siehest du
Mitleidig auf mich armen
Diener des Herakles,
Welcher hinfort dich nimmer bedienen wird!
1100 Den Herrn wechselnd, wirst du jezt
Von dem listigen Frevler gehandhabt;
Du siehst den schmachvollen Betrug,
Siehst ihn, den haßwürdigen Feind,
Der zu dem Leid, das er zuvor schon mir ersann, zahllose
Schmach hinzufügt.

Der Chor.
Vierte Strophe.
1105 Mannhaft ist es, das Rechte frei zu sagen;
Aber sagst du's, stoße den Groll
Nicht in Worten des Hasses aus.
Er bringt, Einer von Vielen
Ausgesandt, auf ihren Befehl
1110 Seinen Freunden die langersehnte Hülfe.

Philoktetes.
Dritte Gegenstrophe.
Ihr hochschwebenden Vögel, ihr
Thiergeschlechter mit wildem Blick,
Weidend hier in den Bergen,
Niemals naht ihr aus Höhlen mir
1115 Mehr, um wieder zu flieh'n; dem Arm
Fehlt des alten Geschosses Kraft:
Weh mir! Jammer umringt mich nun!
Kommet (ihr dürft euch nicht vor dem Lahmen mehr,
Der hier zurückbleibt, fürchten,)

1120 Kommet herbei, nach Lust
Euch mit dem Morde der Rache zu sättigen
Am bleich abgezehrten Fleisch;
Bald werd' ich ja scheiden vom Leben:
Denn wo gelangt Speise zu mir?
1125 Wen kann die Luft sättigen, wenn
Aller Genuß stets ihm gebricht, welchen der Erd' heiliger
Schooß heraufschickt?

Der Chor.
Vierte Gegenstrophe.

Bei Zeus, wenn du den Fremdling ehrst, o nah' ihm,
Der dir naht, mit gütigem Sinn,
(Wiss' es wohl, zum Heile dir selbst!)
1130 Dieser Qual zu entrinnen!
Graunvoll schwelgt sie; wen sie befiel, –
Nimmer lernt er die Pein ohn' Ende tragen.

Philoktetes.

Schon wieder, wieder ruffst du mein altes Leid mir zurück,
Du Bester, der mir je genaht!
1135 Was quälst du, was verderbst du mich?

Der Chor.
Wie meinst du dieses?

Philoktetes.
Weil du mich in's troische Land
Willst, in das mir feindselige, führen.

Der Chor.
Dies acht' ich für das Beste.

Philoktetes.
1140 So verlaßt mich ohne Säumen!

Der Chor.
Gern hör' ich, was du mich thun heißest, und folge dir willig.
Wir gehen, wir gehen,
Nehmen im Schiff unsern Plaz ein!
(will gehen.)
Philoktetes.
Bleibet, o bleibt, fleh' ich, bei Zeus, welcher den Fluch
schrecklich erfüllt!
Der Chor.
1145 Mäßige dich!
Philoktetes.
Fremdlinge, weh!
Fliehet mich nicht!
Der Chor.
Welches Geschrei?
Philoktetes.
Ach, ach, ach, ach! O Geschick, o Geschick!
Ich vergeh' in der Qual!
Fuß, o Fuß, was soll ich hinfort
1150 Noch mit dir in dem Leben thun?
Kommet, o Fremdlinge, wendet zurück euch!
Der Chor.
Was zu thun? Um wieder zu geh'n,
Wie du früher mir schon bedeutet?
Philoktetes.
Nicht scheltet den Mann, der
1155 Trauernd irrt in stürmischer Qual,
Sprach er wider Vernunft ein Wort!
Der Chor.
Geh, wir gebieten es dir, Unseliger!

Philoktetes.
Nie, sei dessen gewiß, nie folg' ich dir,
Nie, und käme der Donnerer flammend,
1160 Sengte mich hin mit den Gluten des Donners!
Nieder mit Ilion, nieder mit Allen
Dort, die frech das Gelenke des Fußes mir
Stießen in's Elend! Aber, o Fremdlinge,
Eins, nur Eines gewährt dem Verlangenden!
Der Chor.
1165 Welches Begehr? Sprich!
Philoktetes.
Habt' ihr ein Beil wo,
Oder ein Schwert, ein Geschoß, o bringt es mir!
Der Chor.
Was zu beginnen damit, Unglücklicher?
Philoktetes.
Abhau'n will ich das Haupt und die Glieder mir:
Nach Mord, Mord steht mir der Sinn jezt.
Der Chor.
1170 Warum?
Philoktetes.
Den Vater such' ich.
Der Chor.
Und wo?
Philoktetes.
Im Hades;
Denn er lebt nicht mehr im Licht.
Theures, geliebtes Vatergebiet,
Könnt' ich doch dich wiederseh'n, ich armer Mann,
1175 Welcher deinen heiligen Strom

Verließ, mit den Verhaßten zog
Als Helfer, und jezt ein Nichts ist!
(er geht in die Höhle.)

Der Chor.
Von hinnen eilend würden wir jezt lange schon
In unsres Schiffes Nähe sein, erblickten wir
1180 Nicht hier Odysseus, dort Achilleus' edlen Sohn,
Die gegen uns die raschen Schritte zugewandt.

Odysseus. Neoptolemos. Der Chor.
Odysseus.
Du mußt mir sagen, was du diesen Weg so schnell,
Mit solchem Eifer wiederum zurückgekehrt.

Neoptolemos.
Den Fehl zu sühnen, welchen ich zuvor beging.

Odysseus.
1185 Ein schweres Wort, ich staune: was war dein Vergeh'n?

Neoptolemos.
Daß dir ich folgend und Achäa's ganzem Heer —

Odysseus.
Welch eine That begingst du, die dir nicht geziemt?

Neoptolemos.
Mit schnöden Listen, mit Betrug den Mann umstrickt.

Odysseus.
Wen? Weh mir! Doch nichts Unbedachtes sinnst du da?

Neoptolemos.
1190 Nichts Unbedachtes: Pöas' Sohne wollt' ich nur —

Odysseus.
Was willst du thun? Der Schrecken übermannte mich —

Neoptolemos.
Den ihm geraubten Bogen hier jezt wiederum —

Odysseus.
Was hör' ich! Zeus! Ihn wiedergeben, willst du das?
Neoptolemos.
Ich habe schmählich, ohne Recht, ihn mir geraubt.
Odysseus.
1195 Bei allen Göttern! Mich zu kränken, sagst du dies?
Neoptolemos.
Wenn dir, die Wahrheit sagen, eine Kränkung ist.
Odysseus.
Wie, Sohn Achillens? Welches Wort vernahm ich da?
Neoptolemos.
Zweimal und dreimal soll ich Eins wohl wiederkäu'n?
Odysseus.
Ich wollte, daß ich's nicht gehört das eine Mal.
Neoptolemos.
1200 So sei versichert: Alles hast du klar gehört.
Odysseus.
Er lebt, er lebt noch, der es dir zu thun verwehrt.
Neoptolemos.
Was sagst du? Wer ist, der mir das verwehren will?
Odysseus.
Das ganze Heer von Argos, und in diesem ich.
Neoptolemos.
So klug, so weise, sprichst du da kein kluges Wort.
Odysseus.
1205 Du bist in Worten weder klug, noch klug im Thun.
Neoptolemos.
Wohl, wenn gerecht nur: besser dies, als kluge List.
Odysseus.
Und kann's gerecht sein, was dir erst mein Rath erwarb,
Nun wieder hinzugeben?

Neoptolemos.
Ich versuche nur
Das gutzumachen, was ich schnöd vorhin gefehlt.
Odysseus.
1210 Das Heer Achäa's scheust du nicht bei solcher That?
Neoptolemos.
Hab' ich das Recht zur Seite, schreckt dein Droh'n mich nicht,
Und mein Entschluß wankt nimmer, brauchst du auch Gewalt.
Odysseus.
Nicht also Troer, aber dich bekämpfen wir.
Neoptolemos.
Es komme, was da wolle!
Odysseus.
Siehst du meine Hand
1215 Den Griff des Schwertes fassen?
Neoptolemos.
Auch mich sollst du gleich
Dasselbe thun seh'n, und ich zögre nicht damit.
Odysseus.
Doch nein, ich will dich lassen und dem ganzen Heer
Die Sache kundthun: dieses wird dich züchtigen.
(geht ab.)
Neoptolemos.
Da denkst du weise: wenn du so auch fürder denkst,
1220 So hältst du sicher deinen Fuß vor Leid bewahrt.
Du Sohn des Pöas, Philoktetes, höre mich,
Verlasse dieses Felsendach und komm heraus!

Philoktetes tritt aus der Höhle. **Neoptolemos.**
Der Chor.
Philoktetes.
Was tönt an meiner Höhle hier ein neuer Lärm?
Wozu mich rufen? Was begehrt ihr, Fremdlinge?
(erblickt den Neoptolemos.)

1225 Ach, etwas Uebles ist es! Seid ihr wieder da,
Und bringt zum alten Leide mir ein großes Leid?
Neoptolemos.
Getrost! Vernimm erst, was ich kam dir kundzuthun.
Philoktetes.
Ich fürchte. Denn durch schöne Worte kam ich schon
Vorher in's Unglück, als ich deinem Wort vertraut.
Neoptolemos.
1230 Unmöglich also wäre Sinnesänderung?
Philoktetes.
So warst du deinen Worten nach auch redlich und
Voll Tück' im Herzen, als du mir den Bogen stahlst.
Neoptolemos.
Doch nun gewiß nicht. Aber laß mich hören, ob
Du hier zu bleiben unverrückt entschlossen bist,
1235 Ob mitzuschiffen.
Philoktetes.
Schweige, sprich nicht weiter mehr!
Denn was du sagst auch, Alles ist umsonst gesagt.
Neoptolemos.
Du bleibst darauf?
Philoktetes.
Und fester, als ich's sagen kann.
Neoptolemos.
Wohl möcht' ich lieber, daß du meinen Worten, Freund,
Dich fügtest: aber wenn ich ungelegen dir
1240 Geredet, schweig' ich.
Philoktetes.
Jedes Wort wär' auch umsonst.
Wohlwollend stimmst du meinen Sinn niemals für dich,
Du, der mit arger Tücke mir den Unterhalt

So schnöd entwandt hat, und darauf mit Mahnungen
Mir kommt, des besten Vaters ungerath'ner Sohn!
1245 Tod euch, des Atreus Söhnen, euch vor Allen, dann
Dir, wie Laertes' Sohne!
Neoptolemos.
Nicht mehr fluche mir!
Nimm hier von meinen Händen dein Geschoß zurück.
Philoktetes.
Wie sagst du? Werd' ich, abermals durch List berückt?
Neoptolemos.
Ich schwöre bei der heil'gen Macht des höchsten Zeus —
Philoktetes.
1250 O theure, liebe Laute, wenn du's redlich meinst!
Neoptolemos.
Gleich wird's die That bewähren: strecke nur getrost
Die Hand daher, und werde deiner Waffen Herr!

Odysseus (plözlich zurückkommend). Die Vorigen.
Odysseus.
Und ich verbiet' es — Zeugen sind die Götter mir! —
Im Namen der Atriden und des ganzen Heers.
Philoktetes.
1255 Kind, wessen Worte waren dies? Vernahm ich nicht
Die Stimm' Odysseus'?
Odysseus.
Allerdings, und siehst ihn hier,
Der dich zu Troja's Eb'nen mit Gewalt entführt,
Der Sohn Achillens woll' es, oder woll' es nicht.
Philoktetes.
(den Bogen spannend)
Doch nicht zu deinem Heile, wenn mein Bogen trifft!

Neoptolemos.
1260 Ha, nimmer! Bei den Göttern! Laß die Pfeile ruh'n!
Philoktetes.
Frei laß die Hand mir, bei den Göttern, liebes Kind!
Neoptolemos.
Das werd' ich nimmer!
Philoktetes.
Wehe! Was verwehrst du mir,
Mit meinem Pfeil zu tödten solch verhaßten Feind?
Neoptolemos.
Das wäre wahrlich weder mir noch dir ein Ruhm.
Philoktetes.
1265 So wisse dieses Eine, daß die Fürsten dort,
Die Lügenboten im Achäerheere, feig
Im Lanzenkampfe, muthig nur in Worten sind!
Neoptolemos.
Es sei! Du hast den Bogen, und es bleibt dir Nichts,
Weßhalb du zürnen oder mich anklagen kannst.
Philoktetes.
1270 Ich stimme bei. Schön hast du deinen Stamm bewährt,
Aus dem du sprossest, Jüngling: nicht von Sisyphos,
Vom Sohn des Peleus stammst du, der im Leben einst
Der beste Held hieß, nun der Todten größter heißt.
Neoptolemos.
Mit Freuden hör' ich, wie du meinen Vater lobst
1275 Und mich: vernimm nun, was du mir gewähren sollst.
Wohl muß der Mensch die Loose, die der Götter Rath
Auflegt, ergeben tragen als Nothwendigkeit;
Doch wer in selbsterwähltem Leid gefangen ist,
Wie du, verdient es nimmer, daß nachsichtig ihm
1280 Verziehen werde, daß man ihm Erbarmen schenkt.

Philoktetes.

Du bist erbittert, weisest ab des Freundes Rath,
Und wenn dich Einer wohlgesinnt verweisend warnt,
Dem zürnst du wie dem Gegner, siehst als Feind ihn an.
Und dennoch sag' ich's, rufe Zeus, des Eides Gott,
1285 Und du bedenk' es, schreib' es tief in deine Brust:
Dies Leiden ward von Göttern über dich verhängt,
Weil du der Schlange nahtest, Chryse's Hüterin,
Die dort den obdachlosen Herd geheim bewacht
Und wisse: niemals findest du des Leides Ziel,
1290 Der schweren Krankheit, nie, solang die Sonne hier
Aufsteigt und wieder dort hinab zum Meere sinkt,
Bevor in Troja's Ebne du freiwillig ziehst,
Und auf Asklepios' Söhne triffst in unserm Heer,
Die deine Qual dir lindern, und die stolze Burg
1295 Mit diesem Bogen, im Verein mit mir, zerstörst.
Und wie ich solches sicher weiß, erklär' ich dir.
Ein Mann vom Troervolke fiel in unsre Hand,
Der Seher erster, Helenos, der klar bezeugt,
Wie das sich müsse fügen, und noch dies dazu:
1300 Das Schicksal wolle, daß in diesem Sommer noch
Die ganze Troja falle; gerne will er sich
Dem Tode bieten, täuscht er uns in diesem Spruch.
Nun, da du dies vernommen, gib uns willig nach.
Ein schöner Lohn ja wär' es, als der Edelste
1305 Des Heers erkoren, erst die Hand, die heilende,
Zu finden, dann der Troer vielbeweinte Burg
Zu stürzen, hochgefeiert in des Ruhmes Glanz.

Philoktetes.

Verhaßtes Leben, was erhältst du mich im Licht
Noch oben, sendest in die Gruft mich nicht hinab?

1310 Weh, was beginn' ich? Kann ich dieses Mannes Wort
Mistrauen, der so wohlgesinnt mir Rath ertheilt?
So folg' ich also? Doch wie soll ich Armer dann
An's Licht der Sonne treten? Wen, wen red' ich an?
Ihr Augen, die ihr Alles saht, was mir geschah,
1315 Wie könntet ihr es tragen, daß ich wieder mich
Gesellt des Atreus Söhnen, die mich morbeten,
Gesellt dem Allverderber dort, Laertes' Sohn?
Denn Schmerz um's überstandne Leid nagt nicht an mir;
Doch was ich noch von diesen dulden muß, ich kann
1320 Es wohl voraussehn. Denn ein Sinn, der Einmal nur
Gebar den Frevel, mehr gebiert er Frevel noch.
Und voll Verwund'rung seh' ich, was auch du beginnst.
Denn weder selber solltest du nach Troja zieh'n,
Noch uns an jene fesseln, die dich höhnten, dir
1325 Des Vaters Kleinod raubten. Dennoch willst du geh'n,
Für sie zu kämpfen, ja du drängst auch mich dazu?
Nicht also, Jüngling; sondern wie du mir's beschworst,
Geleite mich nach Hause, bleib' in Skyros selbst,
Und laß die Bösen untergeh'n in böser Noth.
1330 So nimmst du zwiefach einen Dank von mir zum Lohn,
Zwiefach vom Vater, und erscheinst, indem du dich
Entziehst den Bösen, nimmerdar den Bösen gleich.

Neoptolemos.

Du sprichst geziemend; aber doch verlangt es mich,
Daß du der Götter hohem Spruch und meinem Wort
1335 Vertrautest und von dannen zögst mit deinem Freund.

Philoktetes.

Du meinst in Troja's Ebne, zum verhaßten Feind,
Dem Sohn des Atreus, mit dem schwergetroff'nen Fuß?

Neoptolemos.
Zu jenen, welche deinen Fuß, von Eiter schwer,
Dir lindernd heilen, dich befrei'n von deiner Qual.
Philoktetes.
1340 O schnöder, unheilvoller Rath! Was denkst du doch?
Neoptolemos.
Was dir und mir zum Besten endlich dienen wird.
Philoktetes.
Und so zu reden, schämst du dich vor Göttern nicht?
Neoptolemos.
Wie sollte denn sich schämen, wer Gewinn erlangt?
Philoktetes.
Du meinst für Atreus' Söhne nur, nicht auch für mich?
Neoptolemos.
1345 Dir wohlbefreundet, red' ich auch als Freund zu dir.
Philoktetes.
Du, der mich meinen Feinden auszuliefern sinnt?
Neoptolemos.
O Lieber, lern' im Ungemach nicht trozig sein.
Philoktetes.
Dein Wort, verderben will es mich — ich kenne dich!
Neoptolemos.
Nein, wahrlich; du nur, sag' ich, willst es nicht verstehn.
Philoktetes.
1350 Doch weiß ich: Atreus' Söhne, die verstießen mich.
Neoptolemos.
Die dich verstießen, siehe nun, sie retten dich.
Philoktetes.
Wohl: doch mit freiem Willen seh' ich Troja nie.

Neoptolemos.

Was soll ich nur beginnen, kann mein Reden dich
Zu Nichts von dem bestimmen, was ich sagen mag?
1355 Am besten, ich enthalte mich des Worts, und du
Lebst, wie du jezt lebst, ohne Trost und Hülfe fort.
Philoktetes.
Ja, laß mich Alles dulden, was ich dulden muß.
Doch was du mir bei meiner Rechten angelobt,
Mich heimzuführen, das gewähre mir, o Kind,
1360 Und ohne Säumen; rede nicht von Troja mehr;
Denn schon zu viel klang dieser Name meinem Ohr.
Neoptolemos.
Wenn es bir gefällt, so geh'n wir.
Philoktetes.
Sohn, du sprachst ein edles Wort.
Neoptolemos.
Stüze nun beherzt den Fuß auf.
Philoktetes.
Wie es meine Kraft vermag.
Neoptolemos.
Aber wie entflieh'n dem Vorwurf unsers Heers?
Philoktetes.
Da sorge nicht.
Neoptolemos.
1365 Wenn sie nun mein Land verheeren?
Philoktetes.
Dann bin ich zur Seite dir —
Neoptolemos.
Welchen Schuz wirst du mir bieten?
Philoktetes.
Mit Herakles' Pfeilen hier —

Philoktetes.

Thust du — was?

Neoptolemos.

Philoktetes.
Halt' ich sie ferne!

Neoptolemos.
Küsse noch das Land und geh!

(Herakles erscheint auf einer Wolke schwebend.)

Herakles. Die Vorigen.

Herakles.
Nicht ehe, bevor aus unserem Mund
Du die Worte gehört, o Pöas' Sohn!
1370 Denn wisse, dir tönt in die Ohren der Laut
Von Herakles' Stimme, du siehst sein Bild.
Ich komm' aus Liebe zu dir und verließ
Der Unsterblichen Sitz,
Zu verkündigen dir die Beschlüsse des Zeus
1375 Und zu wehren den Weg, zu dem du dich schickst:
So vernimm denn meine Gebote!
Vor Allem ruf' ich dir zurück mein eignes Loos,
Die Mühen alle, deren Bahn durchkämpfend ich
Errang unsterblich Wesen, wie du schauen kannst.
1380 Auch dir, vernimm es, ist bestimmt dasselbe Ziel,
Aus solchen Mühen ruhmgekrönt hervorzugehn.
Du ziehst mit diesem Manne vor die Troerstadt,
Und wirst zuerst von deiner bittern Qual erlöst;
Dann, als der Helden erster auserseh'n im Heer,
1385 Vertilgst du Paris, dieses Leids Urheber einst,
Mit meinem Bogen aus der Zahl der Lebenden,
Und stürzest Troja, wählst des Raubes besten Preis
Dir aus vom Heere, sendest ihn dem Vater heim,
Dem Pöas, in des Oeta heimatliche Flur.

1390 Doch andre Beute, welche du vom Heer gewinnst,
Die trage hin, als meines Bogens Ehrenmal,
Zu meinem Scheiterhaufen. Dich auch mahn' ich nun.
O Sohn Achillens. Du vermagst nicht ohne den
Die Troerburg zu stürzen, er nicht ohne dich:
1395 Drum als ein treues Löwenpaar behütet euch,
Er dich und du ihn! Um zu stillen deine Qual,
Send' ich zu Troja's Veste dir Asklepios.
Zum zweitenmale muß die Stadt durch mein Geschoß
Gewonnen werden. Doch, verheert ihr dann das Land,
1400 Bedenket fromm zu scheuen, was der Götter ist.
Zeus achtet alles Andre ja für niedriger:
Denn Götterfurcht stirbt mit den Menschen nicht dahin;
Sie leben oder sterben, sie blüht unverwelkt.

Philoktetes.
Du, der willkommenen Ruf mir gesandt
1405 Und endlich erscheint,
Wie freudig gehorch' ich deinem Gebot!

Neoptolemos.
Mein Will' auch stimmt zu dem gleichen Entschluß.

Herakles.
Auf, eilt nun ohne Verzug an das Werk:
Schon drängt ja die Zeit,
1410 Und Fahrwind weht um das Steuer.

(er verschwindet.)

Philoktetes. Neoptolemos. Der Chor.
Philoktetes.
Wohlan denn! Scheidend begrüß' ich das Land.
Leb wohl, mein Felsdach, das mich geschirmt,
Ihr Nymphen der Bäche, der Au'n, lebt wohl,
Und o mächtig am Vorberg brandende See,

1415 Wo die Fluten, erregt von den Stößen des Süds,
Oft nezten mein Haupt in dem Winkel der Kluft,
Wo den klagenden Laut, wann wild auf mich
Einstürmte der Schmerz, der hermäische Berg
Im Rückhall oft mir herübergesandt!
1420 Ihr Brunnen umher und Apollons Quell,
Ich verlaſſ' euch nun, ich scheide von euch,
Der nie so Kühnes zu hoffen gewagt.
Mein Lemnos, umflutetes Land, leb wohl,
Und in glücklicher Fahrt send' harmlos uns
1425 Hin, wo das gewaltige Schicksal führt
Und der Freunde Geheiß und des Gottes Gewalt,
Der dies allmächtig verhängte!

Der Chor.

Nun laßt uns alle vereint hinzieh'n,
Nachdem wir gefleht zu den Nymphen des Meers,
1430 Als Hüter die Fahrt zu geleiten!

Verzeichniß der Sylbenmaße in den lyrischen Stellen dieser Tragödie.

Erste Strophe V. 135 — 142. Erste Gegenstrophe V. 149 — 156.

— — — ⏑ — — — — — ⏑ — ⏑ —
⏑ — — — ⏑ ⏑ — ⏑ — ⏑ — — —
— ⏑ — — — — — ⏑ — — ⏑ —
— ⏑ — ⏑ ⏑ —
— — — ⏑ — — ⏑ ⏑ — ⏑ —
⏑ — — — ⏑ ⏑ — ⏑ ⏑
— ⏑ ⏑ — ⏑ ⏑ — ⏑ — ⏑ ⏑
— — ⏑ — ⏑ — ⏑

Zweite Strophe V. 167 — 176. Zweite Gegenstrophe V. 177 — 186.

— ⏑ — ⏑ ⏑ — ⏑ —
— — — ⏑ ⏑ — ⏑ —
— ⏑ — ⏑ ⏑ — ⏑ —
— ⏑ — ⏑ ⏑ — —
— — — ⏑ ⏑ — ⏑ —
— — — ⏑ ⏑ — ⏑ —
— ⏑ — ⏑ ⏑ — — ⏑ ⏑ — — ⏑ ⏑ — ⏑ —
— ⏑ ⏑ — ⏑ —
— — — ⏑ ⏑ — ⏑ —
— — — ⏑ ⏑ — ⏑

Dritte Strophe V. 197 — 204. Dritte Gegenstrophe V. 205 — 212.

— ⏑ — — — ⏑ — — — ⏑ —
— — — ⏑ ⏑ — — ⏑ ⏑ — —
— ⏑ — — — ⏑ ⏑ —
— — — ⏑ ⏑ — ⏑ —
— ⏑ — ⏑ — ⏑ ⏑ —
— ⏑ — ⏑ ⏑ — ⏑ —
— ⏑ — ⏑ — ⏑ ⏑ —
— — — — ⏑ ⏑ — ⏑ — —

Verzeichniß der Sylbenmaße ꝛc. 73

Strophe V. 385—392. Gegenstrophe V. 497—504.

— — ⏑ — — — ⏑ — — — ⏑ —
— — — ⏑ — — — ⏑ — ⏑ —
— — — ⏑ — ⏑ — — ⏑ ⏑ —
⏑ — — — ⏑ — — ⏑ — ⏑ — —
— ⏑ ⏑ — ⏑ — — ⏑ ⏑ — ⏑ —
— — ⏑ — ⏑ — — ⏑ —
⏑ — — ⏑ — ⏑ — — ⏑ —
⏑ — — ⏑ —

Erste Strophe V. 662—673. Erste Gegenstrophe V. 674—685.

⏑ — ⏑ — ⏑ — ⏑ — — — ⏑ —
— ⏑ ⏑ — — — ⏑ ⏑ — ⏑ ⏑
⏑ — ⏑ — ⏑ ⏑ — ⏑ ⏑ — ⏑ — ⏑ —
⏑ — ⏑ — ⏑ — ⏑
— — — ⏑ ⏑ — — ⏑ ⏑ — — ⏑ ⏑ — — —
— ⏑ — ⏑ ⏑ — ⏑ — ⏑ — ⏑
— — — — ⏑ — ⏑ — ⏑ —
— ⏑ ⏑ — ⏑ — ⏑ —
— ⏑ — — — ⏑ —
⏑ ⏑ — — ⏑ ⏑ —
— ⏑ ⏑ — ⏑ — ⏑ — — ⏑ ⏑ — ⏑ — ⏑ —
— ⏑ ⏑ — ⏑ — ⏑ — — ⏑ ⏑ — ⏑ — ⏑

Zweite Strophe V. 686—693. Zweite Gegenstrophe V. 694—701.

— ⏑ — ⏑ ⏑ — — ⏑ ⏑ — — ⏑
— ⏑ — ⏑ ⏑ — — ⏑ ⏑ — — —
— — — ⏑ ⏑ — — ⏑ ⏑ — — ⏑
— — — ⏑ ⏑ — ⏑ — ⏑ — ⏑
— ⏑ ⏑ — — — —
— ⏑ — ⏑ ⏑ — — ⏑ ⏑ — — ⏑ ⏑ — ⏑ —
— — ⏑ — ⏑ — ⏑ ⏑ — ⏑ —
— — ⏑ ⏑ — —

Strophe V. 798—809. Gegenstrophe V. 814—825.

— ⏑ ⏑ — ⏑ ⏑ — ⏑ ⏑ — ⏑ ⏑
— — — — ⏑ ⏑ — —

74 Verzeichniß der Sylbenmaße

— — — — ⏑ ⏑ — ⏑ ⏑ —
— ⏑ ⏑ — — —
— — — — ⏑ ⏑ — ⏑ —
⏑ — ⏑ — — ⏑
— — ⏑ — — ⏑
— ⏑ — ⏑ — ⏑ — ⏑ — ⏑
⏑ — ⏑ — — ⏑
— — ⏑ — — ⏑
⏑ ⏑ — ⏑ ⏑ — — — ⏑ ⏑ — ⏑
⏑ — — ⏑ — ⏑ — — ⏑ —

Schlußgesang. V. 826—834.

— — — ⏑ ⏑ — —
— — — — ⏑ ⏑ — ⏑ —
— — — — ⏑ ⏑ — ⏑ ⏑ —
— — ⏑ ⏑ — —
— ⏑ ⏑ — ⏑ ⏑ — ⏑ ⏑ — ⏑
— — — ⏑ ⏑ — ⏑ ⏑ — ⏑ ⏑
— — ⏑ — — ⏑ — — —
— — ⏑ — ⏑ — — ⏑ ⏑ —
— ⏑ — — — ⏑ — —

Erste Strophe V. 1051—1064. Erste Gegenstrophe V. 1070—1083.

— — — ⏑ ⏑ — ⏑ —
— ⏑ — ⏑ ⏑ — ⏑ —
— — — ⏑ ⏑ — ⏑ —
— — — ⏑ ⏑ — ⏑ —
— ⏑ — ⏑ ⏑ — —
⏑ \ — ⏑
— — — ⏑ ⏑ — ⏑ —
— ⏑ — ⏑ ⏑ — ⏑ —
— — — ⏑ ⏑ — ⏑
— ⏑ — ⏑ ⏑ — ⏑ —
— ⏑ ⏑ — ⏑ ⏑ — ⏑ ⏑ — ⏑ ⏑
⏑ — — ⏑ —
— ⏑ ⏑ — ⏑ ⏑ — ⏑ ⏑ — ⏑ ⏑
⏑ — ⏑ — — — ⏑

in den lyrischen Stellen. 75

Zweite Strophe V. 1065—1069. Zweite Gegen=
strophe V. 1084—1088.

⏑ — ⏑ — ⏑ — ⏑ — ⏑
— — ⏑ ⏑ — — — ⏑ —
— — ⏑ ⏑ — ⏑ ⏑ — ⏑ ⏑ —
— — ⏑ — ⏑ — ⏑
— ⏑ ⏑ — — ⏑ ⏑ — — ⏑ ⏑ — ⏑ — ⏑

Dritte Strophe V. 1089—1104. Dritte Gegen=
strophe V. 1111—1126.

— ⏑ — ⏑ ⏑ — ⏑ —
— ⏑ — ⏑ ⏑ — ⏑ —
— ⏑ — ⏑ ⏑ — ⏑
— ⏑ — ⏑ ⏑ — ⏑ ⏑
— — — — — ⏑ ⏑ —
— ⏑ — ⏑ ⏑ — ⏑ —
— — — ⏑ ⏑ — ⏑ —
— ⏑ ⏑ — ⏑ ⏑ — ⏑ ⏑ — ⏑ ⏑
— — ⏑ — ⏑ — ⏑
— ⏑ ⏑ — ⏑ ⏑
— ⏑ ⏑ — — — ⏑ ⏑ — ⏑ —
⏑ — — ⏑ — ⏑ —
⏑ ⏑ — ⏑ ⏑ — ⏑ ⏑ — —
⏑ — ⏑ — — ⏑ ⏑ —
— — ⏑ — — ⏑ ⏑ —
— ⏑ ⏑ — — ⏑ ⏑ — — ⏑ ⏑ — — ⏑ ⏑ — ⏑ — —

Vierte Strophe V. 1105—1110. Vierte Gegen=
strophe V. 1127—1132.

— — — — ⏑ ⏑ — ⏑ — ⏑ — ⏑
— ⏑ — ⏑ — ⏑ ⏑ —
— ⏑ — ⏑ ⏑ — ⏑ —
— — — ⏑ ⏑ — ⏑
— ⏑ — ⏑ — ⏑ ⏑ —
— ⏑ — ⏑ ⏑ — ⏑ — ⏑ — ⏑

Anmerkungen zu Philoktetes.

V. 1. Lemnos, eine der größeren Inseln Griechenlands, die dem Feuergott Hephästos heilig war, weil sich auf ihr der Vulcan Mosychlos befand, der älteste, den die Griechen kannten.

= 5. Der Sohn des Pöas ist Philoktetes. Er heißt Melier (oder nach dorischer Mundart Malier) von Melis, einer Landschaft Thessaliens in der Nähe von Trachin am melischen (malischen) Meerbusen, wo sein Vater regirte.

= 8. Bei der Opferfeier mußte Stille herrschen, wenn das Opfer den Göttern wohlgefällig sein sollte. — Brandopfer (Räucherwerk) und Trankopfer (Spenden) werden auch sonst verbunden. Jl. 9, 497:

— — — — Selbst Götter ja sind zu erbitten,
Die doch erhab'ner sogar an Tugend und Ehr' und Gewalt sind.
Traun, auch diese vermag durch demuthvolle Gelübde
Leicht zu versöhnen der Mensch, durch Weihrauch, Spenden und Fettdampf,
Bittet er sie, nachdem er gesündiget oder gefrevelt.

= 72. Neoptolemos war durch keinen Eid gebunden, weil er nicht unter den Freiern der Helena gewesen, die sich gegen Tyndaros eidlich verpflichtet hatten, der Helena beizustehen, wenn ihr eine Unbill widerführe.

= 73. Odysseus war gezwungen nach Troja mitgegangen. Um dem Schwure (V. 72), durch den er als Freier Helena's gebunden war, und dem Feldzuge sich zu entziehen, stellte er sich wahnsinnig. Palamedes aber vereitelte den Betrug, indem er that, als wollte er den Telemachos, den Sohn des Odysseus, tödten, wodurch der Leztere genöthigt ward, die Maske abzuwerfen und mitzuziehen. — Neoptolemos schiffte nicht im ersten Zuge mit, d. i. er war nicht unter denen, die zuerst nach Ilion gezogen waren. Auf jenem ersten Zuge war Philoktetes ausgesezt worden.

Anmerkungen zu Philoktetes. 77

V. 89. Achilleus erklärt bei Homer Jl. 9, 312:

> Denn der ist mir verhaßt, wie des Aides düstere Pforten,
> Welcher ein Andres im Herzen verbirgt und ein Anderes ausspricht.

= 133. Hermes, der Gott der List, hat sie hieher geleitet und soll sie fürber geleiten. — Athene, die Kriegesgöttin, ist auch Siegsgöttin (Nike) und Beschützerin der Städte (Polias), besonders Athens.

= 139. Das Scepter des Zeus, weil von Zeus alle königliche Würde verliehen wird, und viele Könige selbst von ihm abstammen.

= 140. Die Herrscherwürde war von Peleus und Achilleus auf Neoptolemos vererbt.

- 146. „Entsezlich" heißt der Bewohner der Höhle als der durch den Bogen des Herakles furchtbare Mann.

= 165. Ich lese $αὐτῷ$, und nehme $ἐπινωμᾶν$ in intransitiver Bedeutung.

- 174. L. $ὦ παλάμαι θεῶν$.

= 190. Chryse, eine Gottheit, von der gleichnamigen, unfern Lemnos gelegenen, später vom Meere verschlungenen Insel also genannt, deren Altar Philoktetes aufsuchte und von der Schlange verwundet ward.

= 194. Der Gott ist Apollon, der Bogen und Bogenkunde dem Herakles verliehen hatte.

= 233. Skyros, ein Eiland des ägäischen Meeres, wo Lykomedes König war. Thetis wußte, daß ihr Sohn Achilleus vor Ilion sterben würde; sie sandte ihn deßwegen, als der troische Zug im Werke war, zu Lykomedes, unter dessen Töchtern er im Mädchenkleide verborgen gehalten warb. Hier gebar ihm eine derselben, Deidameia, den Neoptolemos.

= 258. Kephallenen heißen bei Homer alle Bewohner der südlichen jonischen Inseln und der nächsten Küsten, und sie werden von Odysseus vor Troja angeführt. Der Name ging später auf eine der größeren Inseln, Same, über, die noch Kefalonia heißt. Diese Menschen waren thätige Handelsleute, und gelegentlich auch Seeräuber, daher die Benennung des Odysseus nach ihnen, wiewohl ganz homerisch, hier etwas Bitteres hat. Thubichum.

Anmerkungen zu Philoktetes.

V. 319. Mykenä ist Agamemnons, Sparta des Menelaos Stadt. Diesen glänzenden Königsstädten tritt das kleine Skyros gegenüber.

= 329. Paris hatte den Pfeil abgeschossen, und Apollon, in dessen Tempel die That geschah, sollte ihn gelenkt haben.

= 338. Der Pfleger des Achilleus war der V. 547 genannte Phönix, der ihn als Kind gewartet hatte.

= 340. Pergamos, die Burg Troja's, wie sie schon bei Homer heißt.

= 349. Das Vorgebirg Sigeion bei Troja heißt traurig, weil dort Achilleus jezt todt lag. Dort wurde er begraben, und ihm der berühmte Hügel aufgeschüttet, wie dem Ajas am Rhoiteion. Thudichum.

= 367. Den Leichnam und die Wehr des gefallenen Achilleus nahm Odysseus den Troern wieder ab. S. Ovid's Verwandlungen 13, 281 ff.

= 378. Odysseus war, nach einer seine Mutter schmähenden Sage, ein Sohn des Sisyphos. S. zu V. 407.

= 385. Die Erde, mit ihrer Tochter Rheia, der Mutter des Zeus, deren Name auch Erde bedeutet, identificirt, und wieder mit der kleinasiatischen Kybele verwechselt, wurde als Mutter Natur in den phrygischen oder mysischen Bergen (dort hatte sie die Kränkung des Neoptolemos gesehen), auf dem lydischen Berge Tmolos, von welchem der in ältesten Zeiten goldführende Paktolos herunterkommt, auch in Lemnos selber verehrt. Also schon damals dort, und jezt hier ruft sie der Chor an. Der Paktolos ist kein großer Fluß, heißt demnach hier nur uneigentlich und zur Erhöhung so. Die Göttin wurde auf einem mit Löwen bespannten Wagen sizend vorgestellt. Thudichum.

= 401. Ajas, der Sohn des Telamon, heißt der größere zum Unterschiede von dem kleineren Ajas, dem Sohne des Oileus.

= 406. Diomedes war der Sohn des Tydeus, dessen Vater Oeneus war.

= 407. Die von Homer nicht gekannte oder doch nicht berührte Sage lautet: Antikleia, schwanger von Sisyphos, dem Könige der Korinther, vermählte sich mit Laertes, der seine Braut mit vielen Schäzen lösen mußte.

Anmerkungen zu Philoktetes.

V. 414. Antilochos, der Sohn des Nestor, rettete, mit Memnon kämpfend, der im troischen Kriege dem Priamos zu Hülfe gezogen war, seinem Vater das Leben mit Aufopferung seines eigenen.

= 415. L. ὅς παρῆν γονεῖ.

= 416. Unter den Zweien meint Philoktetes den Telamonier Ajas (V. 400) und den Antilochos.

= 432. Den Thersites schildert Homer Il. 2, 211:

> Still schon waren die Andern, umher in den Reihen gelagert;
> Nur Thersites erhob maßlos sein freches Geschrei noch,
> Weil er im Herzen verbarg endlos unziemlichen Wortschwall,
> Planlos, wider Gebühr mit Achäa's Fürsten zu hadern,
> Wenn's ihm schien, er reize damit das Gelächter des Volkes.
> Häßlicher war kein Andrer in Ilios' Ebne gekommen:
> Schielend war er und lahm an dem anderen Fuße; die Schultern,
> Höckerig, drängten sich vor und engten die Brust, und darüber
> Saß sein spitziger Kopf, mit spärlicher Wolle bewachsen.

= 438. Wieder eine Anspielung auf Sisyphos. Der Scholiast bemerkt zu V. 617: Sisyphos hatte sterbend seiner Gemahlin befohlen, ihn unbeerdigt zu lassen. Als er in die Unterwelt kam, beschwerte er sich gegen Pluton, daß seine Leiche unbestattet liege, und bat auf die Erde zurückkehren zu dürfen, um sein Weib zu bestrafen. Die Erlaubniß ward ihm gewährt; aber nun wollte er nicht mehr in den Hades zurückkehren, bis er mit Gewalt dazu gezwungen ward.

= 479. Die Erwähnung des Chalkodon, Königs in Euböa, dessen Sohn Elephenor die Abanten vor Troja führte Il. 2, 536, ist einmal bei Philoktetes natürlich, da Chalkodon dem Herakles gegen die Eleer beigestanden hatte (Pausan. 8, 15, 6), sodann den Athenern angenehm, da die attische Landessage Chalkodon und Elephenor in die Mythen von Theseus verflocht, der seine Söhne nach Euböa zu Elephenor gebracht haben sollte, bevor er sich nach Skyros zurückzog (Pausan. 1, 17, 6). Philoktetes denkt sich den Chalkodon noch lebend, wie Pöas, Peleus, Telamon.

= 481. Trachis oder Trachin lag am Fuße des Berges Oeta. Der Spercheios entsprang auf dem Gebirge Pelion in Thessalien,

Anmerkungen zu Philoktetes.

und ergoß sich nördlich von Trachis in den malischen Meerbusen.

B. 534. Die kleine Insel Peparethos, südwestlich von Lemnos, nördlich von Styros, war wegen ihres Reichthums an Oel, Getreide und Wein, der mit dem Pramnier, Chier und Thasier wetteiferte, weithin berühmt.

= 547. Phönix. S. zu B. 338. Die Söhne des Theseus sind Akamas und Demophon.

= 556. Oeneus' Enkel, Diomedes. S. zu B. 406.

= 611. Sein Vater, d. i. der angebliche Vater des Odysseus, Sisyphos. S. zu B. 438.

= 629. Für Räuber gibt es keinen widrigen Wind, weil ihre Raubgier jede Gefahr verachtet.

= 656. Philoktetes hatte dem Herakles den Scheiterhaufen angezündet, und zum Lohne dafür den Bogen empfangen.

= 664. Ixion vermählte sich mit Dia, der Tochter des Deïoneus. Als dieser darauf ihn wegen der Brautgaben bedrängte, lud er ihn zum Gastmahl, und stürzte den nichts ahnenden in eine verdeckte mit glühenden Kohlen angefüllte Grube. Zeus reinigte ihn von diesem Morde, führte ihn in den Himmel und machte ihn zu seinem Tischgenossen. Ixion aber vergaß dieser Wohlthat des Zeus, versuchte, von Liebe gegen Here entzündet, ihr beizuwohnen, und umarmte eine Wolke. Jezt liegt er in der Unterwelt, mit ehernen Banden auf das stets umrollende feurige Rad geflochten.

= 699. „Der Held, prangend in ehernem Schild", (bei den Späteren mit Keule und Löwenhaut bewaffnet,) ist Herakles, der, rasend geworden, auf dem Oeta sich verbrannte, und aus der Flamme zur olympischen Götterwohnung aufstieg.

= 702. Zum Verständniß der ganzen Scene Folgendes. Den Krankheitsanfall, der sich im Heraustreten bei ihm einstellt, sucht Philoktetes zu verbergen, aus Furcht, von seinen neuen Freunden vor Schrecken und Abscheu verlassen zu werden, bis er endlich den Schmerz nicht mehr bezwingen kann. Die Aeußerung desselben ist aber so plözlich und außer=

Anmerkungen zu Philoktetes.

ordentlich, daß Neoptolemos, verwundert und zweifelnd, wiederholt nach der Ursache fragt, worauf ihm Philoktetes erst sanft, dann ungeduldig antwortet, daß er sie schon wisse; wie Kranke über Fragen unwillig werden, und wiederum denen, welche sie pflegen, ihre abgebrochenen Aeußerungen um so eher unverständlich sind, je lebhafter sie zu helfen wünschen. Daß er aber nun die Ursache wisse, spricht Neoptolemos hierauf bestimmt aus. Unterdessen ist Philoktetes mehr zu sich gekommen, und übergibt ihm für die Dauer seines Schlafes den Bogen. Nach einem zweiten Anfalle läßt er sich erst versprechen, daß sie bleiben wollen, und wünscht nun, schon von Entkräftung überwältigt, hinauf in seine Höhle gebracht zu sein, um dort ruhig und vom Tageslicht ungestört zu schlafen. Abermals versteht ihn Neoptolemos nicht, hält ihn vielmehr, da er starr nach dem Himmel sieht, für verwirrt, wie er schon einmal geglaubt, und hält seine Hand fest, ungewiß, was er mit ihm beginnen soll. Philoktetes aber, der hierdurch am Niederliegen gehindert wird, entzieht sich ihm mit Heftigkeit. Bei dem Einschlafen hat er vor Schwäche das Gefühl eines Sterbenden, fühlt sich zum Tode ermattet. Thudichum.

B. 747. Der Besitz des göttlichen Bogens könnte den Neid der Götter herausfordern, wie hohes Glück überhaupt den Neid der Götter erregt, wie auch das Leben des ersten Besitzers, des Herakles, durch stete Kämpfe ausgefüllt war, und Philoktetes lange Jahre auf Lemnos hatte leiden müssen.

= 762. Der Kephallener ist Odysseus. S. zu V. 258.

= 770. Da der Todesgott zaubert, so soll Neoptolemos ihn in „das lemnische Feuer" (den feuerspeienden Berg Mosychlos) werfen, das er schon oft angerufen, wenn er sich den Tod wünschte, wie er selbst einst dem Herakles (dem Sohn Kronions) behülflich gewesen, als er auf dem Oeta sich verbrannte.

= 962. „Du machst die Götter zu Lügnern; denn ich werde auf keinen Fall mit euch nach Troja gehen."

= 995. Durch die List des Palamedes, durch die der verstellte Wahnsinn des Odysseus entlarvt und er gezwungen ward, nach Ilion mitzuziehen: s. zu V. 73.

Anmerkungen zu Philoktetes.

B. 997. Mit sieben Schiffen zog Philoktetes gegen Troja nach
Il. 2, 716 ff.

= 1175. Der heilige Strom ist der Spercheios. S. zu B. 481.

= 1266. Lügenboten heißen die Fürsten des Heeres als diejenigen,
die lügnerische Beschlüsse verkündigen und die wahren
Beweggründe derselben verläugnen.

= 1287. Als Nymphe hat Chryse kein Heiligthum, wie die Götter,
wohl aber einen geweihten eingehegten Raum unter freiem
Himmel. Diesen bewacht eine Schlange, wie Schlangen
auch sonst als Wächter von geweihten Orten gedacht wurden.

= 1293. Asklepios, ein Sohn Apollons, Gott der Heilkunde in
der Zeit nach Homer. Seine Söhne waren Podaleirios
und Machaon, berühmte Aerzte, welche die Völker aus
Ithome, Trikka und Oechalia in dreißig Schiffen vor Ilion
führten. Il. 2, 729:

> Denen von Trikka sodann und den felsigen Höhen Ithome's,
> Auch von Oechalia rings, des Oechaliers Eurytos Veste,
> Denen geboten im Kampf Asklepios' Söhne, Machaon
> Und Podaleirios, beide der Heilkunst würdige Meister.
> Diese geleitet' ein Zug von dreißig geräumigen Schiffen.

= 1337. Der Sohn des Atreus, Agamemnon, wird hier statt der
Atriden allein genannt.

= 1379. „Wie du schauen kannst" an meiner von göttlichem Glanz
umflossenen Gestalt.

= 1385. Auch sonst wird bei den Tragikern alles Leid des troischen
Krieges auf Paris als seine erste Quelle zurückgeführt.

= 1398. Troja war unter der Herrschaft des Laomedon zuerst von
Herakles im Verein mit den Söhnen des Aeakos, Peleus
und Telamon, erobert worden.

= 1400. Nach dem Scholiasten spielt Herakles, außer dem Frevel
des kleineren Ajas gegen Kassandra, auf Neoptolemos an,
der nach der Einnahme Troja's den greisen Priamos am
Altare des Zeus Herkeios erwürgte, und diese Gewaltthat
durch seinen Tod zu Delphi büßte.

= 1402. Der Sinn ist nach Thudichum: Gottesfurcht stirbt nicht
mit, wenn die Menschen sterben; in der untergehenden

Anmerkungen zu Philoktetes.

Troja seid ihr derselben nicht überhoben; das Heilige müßt ihr auch dort ehren.

V. 1418. Der hermäische Berg, ein Berg auf Lemnos, dem Hermes heilig, und nach ihm Hermäon genannt.

= 1420. Zwei Quellen, von dem lykischen Apollon für Philoktetes geschaffen, sollen der Sage nach auf der Insel Lemnos gewesen sein, von welchen die eine Honig, die andere Wein sprudelte.

= 1426. Die Freunde sind Herakles und Neoptolemos nebst den Genossen des Lezteren; der Gott ist Zeus.